Zur Erinnerung an unser
10. Pflegeswahl.

Ihre

Franz und Marina Müller.

Zürich, 9. November 1992

Walter Baumann
Zu Gast im alten Zürich

Walter Baumann

Zu Gast im alten
ZÜRICH

Erinnerungen
an Zunfthäuser und Grandhotels,
an Bierhallen und Weinstuben,
Cafés und Ausflugslokale

HUGENDUBEL

Stadt im Bild
Dokumentationen zur neueren Stadtgeschichte
herausgegeben von Richard Bauer

Die Deutsche Bibliothek – CIP-Einheitsaufnahme
Zu Gast im alten Zürich / Walter Baumann. –
München : Hugendubel, 1992
    ISBN 3-88034-594-5
NE: Baumann, Walter

© Heinrich Hugendubel Verlag, München 1992
Alle Rechte vorbehalten

Produktion: Tillmann Roeder, München
Satz: Uhl+Massopust, Aalen
Reproduktionen: Fotolito Longo, Frangart
Druck und Bindung: Aprinta, Wemding
Papier: Praxiedelmatt, chlorfrei, von Arjo Wiggins,
Frankreich, über Hartmann+Flinsch, München

ISBN 3-88034-594-5
Printed in Germany

Inhalt

Zürich um 1850. Im Vordergrund der 1847 eröffnete Bahnhof der »Spanischbrötlibahn«. Diesen Namen hatte die erste Bahnlinie der Schweiz von einer beliebten Bäckereispezialität, die täglich ofenfrisch von Baden nach Zürich gebracht wurde.

Zum Wohl in Zürich!

Städte sind gewachsene Individuen, mit dem Hunger ihrer Bürger nach geistiger und leiblicher Nahrung. Das Schlaraffenland war irgendwo. Kultur muß erarbeitet werden. Zürich gilt als besonders arbeitsame Stadt, aber auch »reich an vielen Dingen«, wie es schon im Mittelalter hieß. Zu einem vitalen Zentrum gehört auch ein entsprechendes gastronomisches Angebot, für Fremde und Einheimische, für jeden Gusto und Appetit. Dabei bildet die Wirtschaft, wie bei uns die einfache Gaststube heißt, einen wesentlichen Faktor der Gesamtwirtschaft.

Einst eine vielbesuchte Pilger-, heute Handels- und Fremdenstadt, galt und gilt Zürich als weltoffen und gastfreundlich. Tisch und Bett, Gaststube und Herberge, wurden schon im 15. Jahrhundert gerühmt, und nach der Reformation richtete der Rat für durchziehende Einsiedelnpilger an den Durchgangsstraßen öffentliche Pilgerbrunnen und Ruhebänke ein. Den Wallfahrern wurden besondere Herbergen zugewiesen und auf den Schiffen besonders billige Tarife berechnet. Aber sie mußten sich stillhalten und durften erst außerhalb der städtischen Bannmeile gemeinsam singen und beten.

Für die eidgenössischen Boten, fremden Gesandten, für Fürstlichkeiten, wichtige Handelsleute und illustre Gelehrte standen auch besondere Hotels zur Verfügung. Im »Roten Schwert«, dem Rathaus gegenüber, wurden sie auf Staatskosten regaliert und bei gutem Wetter auf Zürichs Kriegsschiffe zu kulinarischen Lustfahrten gebeten.

Maßgebend für gehobene Gastronomie waren schon damals die Zunfthäuser. Einige reichen als Zeugen spätmittelalterlicher Bau- und Handwerkskunst bis ins 14. Jahrhundert zurück. In ihren prachtvollen Zunftstuben versammelten sich die Handwerkerinnungen zur Besprechung der Gewerbeordnung und der Staatsgeschäfte, denn ihre Zunftmeister saßen im Rat und hatten die Interessen der Gilden zu vertreten. Über die üppigen Zunftmähler wurden kaum glaubhafte Dinge berichtet: 6–8 Pfund Fleisch pro Kopf und Mann, neben Würsten, Pasteten und 4–6 Schoppen Wein, von dem aber mehr als die Hälfte als »Bhaltis« diskret nach Hause getragen wurden.

Der einfache Bürger, die zugewanderten Hintersässen, die Knechte und Mägde, bekamen davon kaum etwas zu sehen. In den einfachen Gaststuben gab es zu Käse und Wurst billigen Wein und kaum Bier, denn dieses wurde von den Zünftern, von denen viele eigene Rebberge besaßen, als ungesundes, fremdländisches »Gesöff« in Zürich nicht zugelassen. Erst nach der Aufhebung der Zünfte durch die 1798 einmarschierenden Franzosen wurde schrittweise die Handels- und Gewerbefreiheit eingeführt. Bald schossen die Bayrischen Bierhallen wie Pilze aus dem Boden, und mancher Wirt gab sich als Bierbrauer aus. Die Menükarte wurde »gut bürgerlich«. Nach der Einführung der Eisenbahn eroberten sich auch auswärtige Spezialitäten die Stadt. Unten und oben an der Bahnhofstraße entstanden Hotels mit fremdsprachigen Namen. Sie nannten sich »en Ville« oder »au Lac«, »Victoria«, Belle-Vue«, »International«.

Doch auch auf der anspruchsloseren Seite der Verpflegung hat sich Zürich ein paar Sterne verdient. Im ausgehenden 19. Jahrhundert entwickelte die Firma »Maggi« im nahen Kemptthal die erste kräftige Schnellsuppe für eilige Fabrikarbeiter. Um die Jahrhundertwende ersetzte der alkoholfreie Frauenverein die Kellner durch die trinkgeldunabhängige »Serviertochter«. Nach dem Ersten Weltkrieg lancierte Dr. Bircher-Benner das »Bircher-Müsli«. Vor gut hundert Jahren kreuzte Hermann Müller-Thurgau am Zürichsee den frostfesten Riesling Sylvaner, die erfolgreichste Kreuzung in der Veredlungsgeschichte.

Trotz des reichen kulinarischen Angebots ist der moderne Zürcher eher ein bescheidener Esser. Geht er am Wochenende auch etwas »dicker« aus, hält er sich an den Werktagen zurück. Der »Business Lunch« ist vor allem in der Zürcher City verbreitet, nach dem Grundsatz: »Der wichtigste Tag in der Gastronomie ist der Alltag.«

Als Direktorin des Verkehrsvereins Zürich freue ich mich über diese kenntnisreichen kulinarischen Erinnerungen an einstige Gastwirte, Gäste und Gastlichkeit.

Zum Wohl auf Zürich, die kleine Weltstadt an der Limmat!

Zürich im Juni 1992   Edith Strub

MITTELALTERLICHE TAFELFREUDEN

Essen und Trinken, zwei ursprüngliche Lebensbedingungen, haben sich im Laufe der Domestizierung der Menschen aus dem unzimperlichen Kampf ums Dasein zu eigentlichen Künsten hinaufstilisiert. Die Zahl der Wein-, Koch- und Schlemmerbücher, der kulinarischen und gastronomischen Zeitschriften, die alljährlich den Markt (und unseren Magen) füllen, ist unübersehbar, dicht gefolgt von Schlankheitstips und Abspeckkuren. Aber gehobene Tafelfreuden gehören nun einmal zum besseren Leben. Wir gehen aus, um zu speisen; es gibt keinen bedeutenden Anlaß und kein Fest – vom Geburtstag über die Generalversammlung bis zum Geschäftsjubiläum –, bei dem nicht das Glas gehoben wird. Die Wein- und Menükarten, möglichst französisch, ergänzen das behäbige Wirtshausschild, das schon irdische Glückseligkeiten versprach, lange bevor die Leute lesen und schreiben konnten.

Für Zürich gibt es einige bildliche Darstellungen, die schon im 13. Jahrhundert den üppigsten Leibesgenüssen poetische Referenzen erwiesen. Sie bilden das Entrée der deutschsprachigen Weltliteratur, und wenn sie in einem Lexikon fehlen, sollte man schleunigst zum nächsten Buchhändler laufen: In der weltberühmten Manessischen Liederhandschrift, die um 1300 in Zürich entstand und heute als Kronschatz der Heidelberger Universitätsbibliothek gehegt und gepflegt wird, stehen Speis und Trank bereits auf höchster Stufe leiblicher Lebensfreuden. Dem Ritter Jakob von Wart, Bruder des späteren Königsmörders, wird im Badezuber ein goldener Weinpokal kredenzt, dem Herrn Steinmar bringt ein blondgelockter Jüngling eine große Weinkanne und auf einer stilvollen Schüssel eine am Spieß gebratene Gans. Sicher dachte der unbekannte Illustrator

dabei an Steinmars drastisches »Schlemmerlied«: »Wirt, du solst uns vische geben / mê dan zehen hände / gense huener vogel swin / dermel pfâuen sund dâ sîn / win von welschem lande...«

Mehr als zehnerlei Fisch, dazu Fleisch und Federvieh wünscht sich der vornehme Sänger, wobei sich die »dermel«, also die Würste, neben den Pfauen geradezu banausenhaft ausnehmen. Ähnliche Wonnen winkt sich Johannes Hadlaub, der Schreiber des Kodexes, herbei: Der Schweinebraten muß fett sein und recht gewürzt. Dazu befiehlt er Würste und gebratenes Schafshirn. Aus einer guten Küche muß man die fette Brühe sprudeln hören. Ein feiner Gastwirt soll zudem Gänse, Hühner, Kapaunen, Fasanen und Tauben auftragen. Nicht fehlen darf helles Weizenbrot, das mit fetter, heißer Sauce übergossen wird. Alles muß tüchtig gesalzen und gewürzt sein, auf daß ein herrlicher Durst entstehe, den man mit Wein oder jungem Sauser lösche.

Hadlaub und seine adeligen Zechgenossen genießen festliche Gelage, doch der frugalere Alltag wird auch bei ihnen nicht weit gewesen sein. Sehr mager sah es in den Töpfen der kleinen Handwerker und Hintersassen aus. Der Pfahlbürger, als Kraut- und Rübenfresser verspottet, lebte bis ins 16. Jahrhundert hinein von Hirse- und Haferbrei. Dazu kamen Kraut und Hülsenfrüchte aus der kleinen Selbstversorgung hinter dem Haus, wo auch der hochwohlgeborene Bürgermeister und Ratsherr mit der steifen Halskrause zur Hacke griff. Ja, noch zu Ende des 17. Jahrhunderts war die Verpflegung des Stadtbürgers äußerst spartanisch, was ein 1693 am Rathaus eingemeißelter Spruch noch heute bezeugt: »Heimatliche Rüben sind mehr wert als alle Schätze der Welt«. Das klingt schon fast nach Rousseau, der aber

Der römische Grabstein des Knaben Lucius Aelius Urbicus. Sein Vater war um 200 n. Chr. Vorsteher der Zollstation Turicum.

drei Generationen später lebte und kein Fleischverächter war.

Wann in Zürich der Fremdenverkehr begann, liegt noch im Dunkeln. Immerhin haben die Stadtarchäologen in den letzten Jahren einiges erhellt, was in der Zürcher Geschichtsschreibung ganz neue Akzente setzt. Bis in jüngere Zeit war Archäologie vor allem Schatzgräberei. Es ging um möglichst schöne antike Museumsstücke, wobei die genauere Untersuchung des Umfeldes unterblieb und der ergänzenden Phantasie alle Türen offenstanden. Selbst plumpen Fälschungen ging man leichtfüßig auf den Leim. Eine löbliche Ausnahme und die eigentliche Sternstunde der Zürcher Altertumsforscher war der 18. Mai 1747: Der städtische Pickelmeister hatte den Auftrag, den Lindenhof, jenen lindenbewachsenen Hügel im Stadtzentrum, wieder einmal etwas zu planieren, da er den Bürgern als Sonntagspromenade diente und vom Regen stark ausgewaschen war. Einer der Wegmacher entdeckte im Boden eine große Steinplatte. Beim Herausheben bemerkte er auf der Unterseite eine Inschrift, welche die Stadtgelehrten noch am gleichen Tag als Text eines antiken Grabsteines entzifferten: Ums Jahr 200 n. Chr. hatte der Zollvorsteher Unio der Station Turicum sein Söhnchen bestattet.

Daß Zürich einst eine römische Zollstation war, wußte bisher niemand, und der Stein bildete fortan ein Prunkstück der Stadtbibliothek (heute im Schweizerischen Landesmuseum). Im Laufe der Zeit hatte man schon da und dort römische Scherben und Münzen gefunden und vieles als antik klassifiziert, was bei näherem Hinsehen um einige Jahrhunderte jünger war. Natürlich empfanden die damaligen Forscher berechtigten Stolz, und sie er-

nannten die einst von Cäsar erwähnten Tiguriner, die weiter westlich wohnten, alsogleich zu ihren Urahnen. Der Irrtum erwies sich bei näherer Forschung, und das antike Zürich wurde mehr und mehr zu einem verschlafenen Provinzort an einer römischen Nebenstraße degradiert.

Erst in den letzten Jahren hat sich dieses Bild wieder aufgehellt: Am Weinplatz, im antiken Zentrum der Stadt, wurden die Spuren eines antiken Schiffshafens und die Grundmauern, Mosaikreste und Malereispuren einer römischen Therme in einem Ausmaß gefunden, in der alle damaligen Bewohner der Siedlung bequem Platz gefunden hätten. Diese Diskrepanz zwischen Angebot und Bedürfnis ließ nachdenken. Tatsächlich hatten die Römer vom Jahre 9 n. Chr. an in Vindonissa (Windisch) ein großes Militärlager erbaut, das ihnen als Basis im Kampf gegen die Germanen diente. Und der Wasserweg über Zürich war – von den Bündnerpässen herkommend – der beste und schnellste Weg nach Windisch, Zurzach, Basel und den Rhein hinunter. In Zürich, am heutigen Weinplatz, wurden die Transitgüter von den schweren Seekähnen auf die wendigeren Flußboote umgeladen, denn die Limmat war ein wilder Fluß mit allerlei Strudeln und aufragenden Riffs, die noch im Nachmittelalter zahlreiche Opfer forderten.

Daraus ergibt sich, was weder Bodenfunde noch antike Autoren konkret belegen: Zürich war schon früh eine nicht zu unterschätzende Fremdenstation. Die römischen Legionäre, Kuriere, Händler und Kontrolleure waren froh, nach langer, mühsamer Reise endlich ein ausgiebiges Bad nehmen zu können und sich aufs Ohr zu legen. Am Hafen deckten die Besitzer der zahlreichen umliegenden Gutshöfe ihre Bedürfnisse nach vornehmer, mediterraner Ware und nach fröhlicher Geselligkeit. Da lagen Tavernen und allerlei Hafenkneipen. Wein-, Gewürz- und Feigenhändler, Haar- und Klauenschneider, Bäcker und Wurster riefen lauthals ihre Waren und Dienste aus. Marktschreier waren bei den Römern angesehene Leute, und mancher machte sein Glück. Hier am Weinplatz sind die Wurzeln des Zürcherischen Fremdenverkehrs und der Hotellerie zu suchen, wobei Luxus und Komfort natürlich noch über Jahrhunderte hinaus Fremdwörter blieben. Handelsreisende und Gelehrte kamen in der Regel mit einer Empfehlung und logierten privat. Die meisten Herbergsgäste des ausgehenden Mittelalters waren Pilger, die entweder die Reliquien der Zürcher Stadtheiligen Felix und Regula besuchten oder zur »Schwarzen Maria« nach Einsiedeln wallfahrteten. Eine der frühesten Herbergen war das »Bilgerischiff« an der Schifflände.

Gut gegessen, schlecht geschlafen

Den ersten ausführlichen Bericht über die Annehmlichkeiten eines Hotelgastes in der Schweiz – vor allem in Basel und Zürich – veröffentlichte der adelige französische Philosoph Michel de Montaigne. Im Sommer 1578 weilte er mit einer großen Reisegesellschaft in Zürich, die im »Schwert« und im »Storchen« am Weinplatz abstieg. In seinen »Voyages« gibt der reiseerfahrene Baron ein freimütiges Bild der schweizerischen Gastronomie des 16. Jahrhunderts, wobei er als genauer Beobachter immer auch auf die architektonischen und technischen Gegebenheiten einer damaligen Fremdenherberge hinwies:

»In der Ziegelarbeit haben es die Schweizer ungemein weit gebracht; die Dächer und Fußböden ihrer Zimmer sind mit Ziegeln bedeckt. Ihre Zimmer sind mit allerlei irdenen Gefäßen ausgeziert. Auch in der Zimmerarbeit haben sie sehr geschickte Leute. Die Fichten sind das gewöhnliche Holz, das man hier verbaut. Die Gefäße, die sie verfertigen, sind größtenteils lackiert und gemalt und überhaupt sehr künstlich ausgearbeitet. In ihren Zimmern ist Pracht und Geschmack bewundernswert. In einem jeden dieser sehr wohl ausgeschmückten Festsäle sind fünf bis sechs mit Bänken besetzte Tische, an welchen sich die Gäste herumsetzen. Das kleinste Haus hat 3 bis 4 solche wohl eingerichtete Eßsäle. Sie haben durchgehends vortreffliche Fenster, doch ihre Schlafkammern sind sehr armselig beschaffen. Vier Betten stehen hintereinander in einer Kammer, Bettgardinen haben sie nicht. Kamine sind bei ihnen nicht Mode; heizen sie ein, so heizen sie viele Zimmer mit einem Male. An die Wärme ihrer Stuben gewöhnt man sich bald. Ein wenig Rauch, den ihre Öfen verbreiten, und einige anfänglich riechende Ausdünstungen dersel-

Zunfthaus »Zur Meisen« am Münsterhof. Der Versailles-Stil des 1757 eröffneten Palais der Weinwirte mißfiel den puritanischen Zürchern.

ben ausgenommen, ist die Wärme ziemlich gleich und erträglich. Auf ihrem Herde findet man wenig Feuer, daher sie es auch nicht gerne sehen, wenn die Gäste in ihre Küche gehen.

Ihre Fremden bedienen sie schlecht. Ihre Betten sind sonderlich reizend eben nicht. Bettücher und Kopfkissenüberzüge sind, wenn nicht unbekannt, so doch selten in diesem Lande. Man thut Jemanden schon eine Ehre an, wenn man einem Fremden ein weißes Leintuch und ein Kissen ohne Überzug giebt. Ein schmutziges Federbett vertritt die Stelle einer Matratze.

Ihre Bedienten essen mit ihnen an einem Tisch oder an einem benachbarten. Einer ist zu ihrem Dienste genug; dieser füllt ihnen ihre Becher oder silbernen Pokal und setzt ihn gerade vor seine Stelle hin. Wenn der Becher leer ist, so füllt er ihn wieder aus einem großen Becken.

Jeder Gast erhält eine kleine, eigens zusammengelegte Serviette. Ein jeder Schweizer hat sein Messer bei sich, womit er alles anfaßt, ohne mit den Händen in die Schüssel zu greifen. Ihre Gerichte tragen sie auf einmal auf und bedienen sich dazu eines gewissen Gerüstes,

Erfrischungsraum des 1899 an der Bahnhofstraße eröffneten Warenhauses »Jelmoli«. Die elektrische Beleuchtung begnügte sich noch mit offen montierten Leitungen. In den Dekorationen kündete sich der Jugendstil an.

auf dem sie eines auf das andere setzen. Ihre Tafeln sind sehr groß und viereckig, so daß es sehr schwer fällt, diese Schüsseln in die Mitte hinzusetzen. Der Bediente nimmt sodann diese Schüsseln auf einmal ab und trägt zwei andere auf. Diese Veränderung wird oft 6 bis 7 mal vorgenommen, denn man fängt nicht eher bei der neuen Schüssel an, bis die vorige heraus ist, dann geht es auf das Obst los. Jeder wirft sodann einer nach dem andern seine Serviette in einen dazu auf den Tisch gesetzten Korb, sobald man mit dem Fleischessen fertig geworden ist. Und hierin beobachten sie genau die Rangordnung. Wenn der Bediente damit fort ist, so bringt er zwei Schüsseln verschiedener Früchte, die durcheinander vermischt sind, auf den Tisch, die sie zum Braten essen, so wie wir Salat oder gebackenes Obst. Unter anderem haben sie für die Krebse eine besondere Vorliebe; sie haben selbst eigene Präsentierteller für Krebse.

Vom Waschen halten sie nicht viel. Sie gehen wie bei uns die Mönche an eine Gießkanne, die in einer Ecke steht, und bespritzen sich ein wenig mit Wasser.

Die meisten Leute haben nur hölzerne Teller, Töpfe und selbst Gefäße, wohinein sie pissen, die aber so rein und blank wie immer nur möglich aussehen. Einige haben auch, außer dem hölzernen Geräte, etwas Zinn, das sie aber bei ihren Gastmahlen erst auf das letzte hervorholen, etwa wenn man die Früchte zu essen anfängt, oder wenn sie kein hölzernes Gefäß mehr haben. Es ist aber nicht die Armut, die sie zum Gebrauche der hölzernen Gerätschaften gebracht hat, sondern bloß Gewohnheit. Denn unter diesen hölzernen Dingen setzen sie vortreffliche silberne Becher mit auf, und dazu noch in einer großen Menge. Sie waschen und polieren alles, von ihren hölzernen Hausgeräten an bis auf den Fußboden herunter. Ihre Betten sind so hoch aufgeschla-

gen, daß man gemeiniglich auf einer Leiter hinaufsteigen muß.

Ich habe schon gesagt, daß die Schweizer vortreffliche Eisenarbeiter sind. Man wird sich also nicht wundern, daß sich ihre Bratspieße von selbst herumdrehen von wegen eines Triebwerkes. Unsere Uhren haben also vor diesen Bratspießen nichts voraus. Sie bedienen sich außerdem noch ihrer Kamine, in die sie viel Kienholz legen, um dadurch das Fleisch nach und nach zu räuchern, da sie nicht alles frisch essen wollen. Indessen bedienen sich dieser Windmaschinen nur die Gastwirte in großen Städten.

Drei bis vier Stunden, wenn es auch nur ganz mittelmäßig zugeht, sitzen sie am Tisch; sie essen lange nicht so geschwind wie wir, dafür schmeckt ihnen aber auch das Essen desto besser. Den Pferden gibt man in der Schweiz in einem Male gemeiniglich mehr Hafer, als sie den ganzen Tag über fressen können.«

Wein, Bier, Kaffee...

Ursprüngliche Getränke waren Brunnenwasser, Milch und Wein. Der Wein war schon von den Römern über die Alpen gebracht worden, und im Mittelalter wurde der Rebbau von den Klöstern gefördert, da sie Meßwein brauchten. Er war zudem das einzige Getränk, das beim Lagern nicht schlechter, sondern besser wurde. Dazu rang sich die Erkenntnis durch, daß er das einzige Flüssige war, das wegen des Alkoholgehalts keine Seuchen übertrug und deshalb im mittelalterlichen Heiliggeist-Spital in recht großen Mengen den Kranken abgegeben wurde.

Die Zürcher Weinschenken waren in der Zunft »Zur Meisen« organisiert. Um ihren großen Einfluß auf die Trinkgewohnheiten zu verstehen, muß kurz auf das Zürcher Zunftwesen eingegangen werden, das wie kein anderes

fast ein halbes Jahrtausend lang das Wohl und Wehe dieser Stadt bestimmte: Die 1336 durch einen Staatsstreich an die Macht gelangten Handwerker teilten sich in 13 verschiedene Berufsgruppen. Diese Zünfte ermöglichten ihren Mitgliedern ein Mitbestimmungsrecht im Rat und eine geordnete, einträgliche Berufstätigkeit. Doch im Laufe der Zeit nützten sie ihre Freiheit bis zur Despotie aus. Sie regelten Handel und Gewerbe mit harter Hand. Jede Konkurrenz wurde ausgeschaltet, Neuerungen hatten keine Chance. So gelang es den Weinleuten, den Import und das Brauen von Bier fast gänzlich zu unterbinden. Dasselbe galt für Kaffee. 1722 war es selbst in den Zunftstuben untersagt, »mit Tee, Kaffee und Schokolade die Geister zu verwirren und die Gesundheit zu untergraben«.

Erst zu Beginn des 19. Jahrhunderts – 1799 hatte die französische Besatzung die Zünfte aufgelöst – schossen die Bierbrauereien und Kaffeehäuser wie Pilze aus dem Boden. Die schlechte Qualität wurde vom Reiz des Neuen übertönt.

Doch der Name »Café« stand noch nicht für ein alkoholfreies Lokal, er deutete nur an, daß es hier neben Wein und Bier auch andere Getränke gab.

Selbst die wiedererstehenden Zunfthäuser richteten nun Cafés ein: »Zur Meisen«, »Zur Saffran«, »Zur Schmiden« und »Zur Zimmerleuten«: Dort lagen nun auch kritische Zeitungen und Zeitschriften aus, die unter der gestrengen Zensur des Ancien régime zu politischer Bedeutungslosigkeit verurteilt gewesen waren.

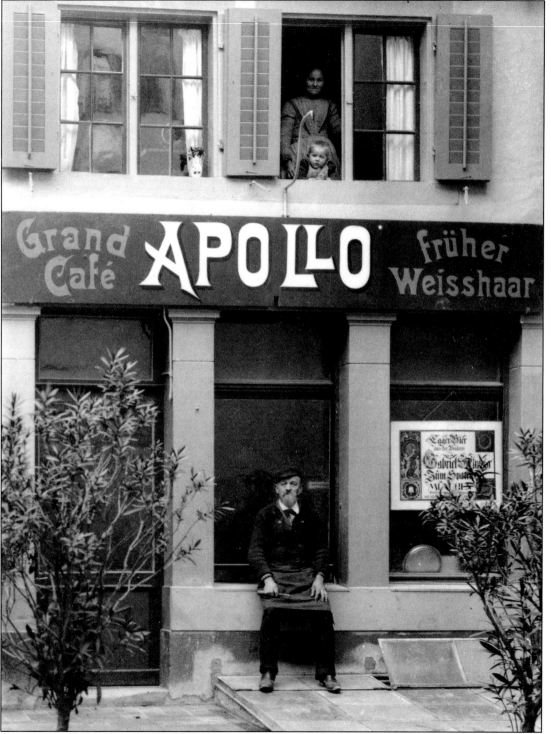

Im kleinen Café-Restaurant des Carl August Weisshaar an der Spiegelgasse nahm Gottfried Keller gelegentlich seinen ungestörten Schoppen.

TISCH UND BETT IM BIEDERMEIER

»Tisch und Bett machen dick und fett«, eiferte ein Arbeiterführer in der Gründerzeit über die Lebensweise der Fabrikanten und Kapitalisten, die vorwiegend aus Fressen, Saufen und Schnarchen bestünde. Tatsächlich war Wohlbeleibtheit – das galt für Damen und Herren – ein Zeichen für Wohlstand und Kultur: Der korpulente Patron mußte körperlich nicht arbeiten und bekam jeden Tag ein üppiges Essen. Dieser Trend zur imposanten Erscheinung mit Embonpoint und einer schweren goldenen Uhrkette darauf begann im Biedermeier, nachdem die alles requirierenden Franzosen wieder abgezogen waren. Das in Zürich entstandene Lied »Freut euch des Lebens...« hatte die Marseillaise überlebt. Man gab sich anfangs mit wenigem zufrieden, ja man freute sich über die kleine Abwechslung, die schon das Erscheinen eines namhaften Touristen in die ummauerte Stadt brachte. Eine aufregende Lektüre war das am Neujahrsmorgen 1837 erstmals erschienene »Tagblatt«, das zur Hauptsache aus dem »Verzeichnis der in den Gasthöfen der Stadt logierenden Fremden« bestand. Schon in der ersten Nummer waren es in den elf Zürcher Gasthöfen 59 Personen, vor allem Kaufleute, dabei ein Optikus, ein Musikus mit fünf Mannen, ein polnischer Graf und der berühmte Professor Wackernagel aus Berlin.

Als vornehmste Unterkunftsstätte galt der zum Teil auf Pfahlwerk erstellte mittelalterliche Gasthof »Zum roten Schwert« an der Gemüsebrücke. Seine hervorragend günstige, mit einzigartiger Aussicht verbundene Lage inmitten der Stadt sowie die vorzügliche Führung – um 10 Uhr gab es ein déjeuner à la fourchette, um 13 Uhr, um 17 Uhr und um 20 Uhr war table d'hôtel – hatten dem Hause längst internationalen Ruf eingebracht. Den Höhepunkt hatte dieses freilich schon im

Tagblatt
der Stadt Zürich.

Sonntag   **Nro. 1.**   ·   den 1. Januar 1837.

Das Tagblatt der Stadt Zürich wird jeden Morgen um 8 Uhr, an den Sonntagen zwischen 10 und 12 Uhr, bei Unterzeichnetem ausgegeben. Seine Hauptbestimmung ist, unter Leitung der Löbl. Stadtpolizey ein fortlaufendes Verzeichniß der in den Gasthöfen hiesiger Stadt logirenden Fremden zu liefern. Hiermit werden anderweitige Bekanntmachungen, welche für das städtische Publicum von Interesse sind, verbunden werden, so wie solche Anzeigen von Behörden oder Privatpersonen, die einer unverzüglichen Veröffentlichung bedürfen. Das Nähere betreffend die Einrichtung des Blattes zeigt gegenwärtige erste Nummer desselben. Der Pränumerationspreis ist auf 30 ß. für ein Vierteljahr festgesetzt. Die Einrückungsgebühren betragen 6 ß. für eine Anzeige von höchstens vier gespaltenen Zeilen, bei größeren Anzeigen 1½ ß. für jede Zeile.
Zürich, den 1. Januar 1837.

Berichthaus.

Verzeichniß der in den Gasthöfen der Stadt logirenden Fremden.

Schwerdt.
Herr Poupoursille, Kaufmann von Avignon.
„ Hänel, Kaufmann von Leipzig.
„ Wenter, Kaufmann von Isenlohe.
„ Nager, Kaufmann von Elberfeld.

Storchen.
Herr Bein, Kaufmann von Stuttgart.
„ Wackernagel, Professor von Berlin.
„ Ochs, Kaufmann von Frankfurt.
„ Hülfsegger, Kaufmann von Bern.
„ van der Heyde, Kaufmann von Amsterdam.

Adler.
Herr Bernheim, Kaufmann von Längnau. 2 Pers.
„ Bamberger, Optikus von Anspach.
„ Oechslin, Partikular von Schaffhausen.

Rothhaus.
Herr J. Buggenmeyer, Musikus v. Dannheim. 3 Pers.
„ Jost, von Ermattingen.
„ Eßlinger, von Mainz.
„ Schuler, Kaufmann von Hechingen. 2 Pers.
„ Bräu, Kaufmann von Appenzell.
„ Meyer, von Baar.
„ Beck, von Uelingen.
Frau Gubler, von Basel.
Jgfr. Kämpf, von Windschläg.

Hirschen.
Herr Samonati, Kaufmann von Triest.
„ Gamper, Kaufmann von Stettfort.
„ Christ, Kaufmann von Basel.

Herr Ochsner, Partikular von Dießenhofen.
Jgfr. Hofer, von Rothenburg.
Herr Bodmer, Fuhrmann von Basel-Augst. 2 Pers.
„ Schüele, Fuhrmann von Bohndorf.

Raben.
Herr Ulmer, Partikular von Dorrenbirren.
„ Becker, von Glarus.
„ Greubler, Professor von St. Gallen.
„ Enderlin, Kaufmann von Lugano.
„ Rehfuß, Partikular v. Freiburg im Breisgau. 2 P.
„ Frischherz, Partikular von Schwyz.
„ D. Rohnberg, Kaufmann von Dorrenbirren.

Löwen.
Herr Luchner, Wtulikus von Hechingen. 6 Pers.
„ Hagenbach, Geschäftsmann von Mühlhausen.

Rößli.
Herr Bruder u. Familie, Kaufmann v. Carouge. 4 P.
„ Bandelier, Professor von Wallis.
„ A. Müller u. Egli, Kaufleute von Lichtensteig.
„ J. A. Widmer, Kaufmann von Kirchberg.
„ Kaufmann, Partikular von Tuttlingen. 2 Pers.
„ Graf von Ozoroloski, Gutsbesitzer aus Polen.

Schwanen.
Herr Klopf, Kaufmann von Aegeri.
„ Grei, Kaufmann von Oertlingen. 2 Pers.
„ Reisemer, Kaufmann von Lichtensteig.
„ Feuerstein, Kaufmann von Bregenz.

Schiff.
Herr Trogg, Kaufmann von Olten.

---

18. Jahrhundert unter dem Rittmeister Antoni Ott erreicht, der mit dem Talent zum Hotelier ein solches zum Grandseigneur verband und in seinem mit kostbaren Kunstschätzen ausgestatteten Landhause im Kräuel (an der Stelle des jetzigen Sihlpostgebäudes gelegen) seine »bessere« Klientel aufs nobelste zu bewirten pflegte.

Am Limmatquai. Rechts das Rathaus, links das Zunfthaus »Saffran«.

In seinen Gästebüchern zeugen Fürstlichkeiten wie Kaiser Alexander I. von Rußland und Herzog Karl August von Weimar, hoher Adel, Militärs, Diplomaten, Dichter und Schriftsteller wie Goethe, Madame de Staël und Johannes von Müller, Abenteurer wie Cagliostro und Casanova von internationalem Glanz und einstiger Größe. Dem »Schwert« gegenüber befand sich der Gasthof »Zum Storchen«, gleich nebenan im Haus »Zum rothen Thurm« das »Café Littéraire«, welches neben dem »Café du Commerce« im Zunfthaus »Zur Saffran« und dem exklusiven »Baugarten« im

15

Ehemaliges Stadthaus beim heutigen Bürkliplatz. In der Amtswohnung schrieb Johanna Spyri, Gattin des Stadtschreibers, 1880 ihre »Heidi«-Bücher.

»Kratz« zu den renommiertesten Lokalen zählte.

Eine gefährliche Nebenbuhlerschaft sollte dem »Schwert« alsbald durch zwei neue Häuser erwachsen. Das eine war »Zur goldenen Krone« am damaligen Sonnenquai, wo sich vorher der für die Gäste des Abtes von Einsiedeln bestimmte »Einsiedlerhof«, später das »Hôtel Zürcherhof« befand. Die größte Konkurrenz bildete jedoch das mondäne »Hôtel Baur« an der neuen, 1838 eben vollendeten Poststraße. Diese beiden Gebäude erregten durch ihre für damalige Begriffe schwindelnde Höhe sowie durch ihre »Belvédères« genannten Dachterrassen gewaltiges Aufsehen, während die inneren Einrichtungen für dermaßen »prachtvoll« galten, daß Fremde und Hiesige allen Ernstes gebeten wurden, sich deswegen ja nicht etwa vom Besuche abhalten zu lassen, denn Hotellerie sei schließlich das völkerverbindende Element zivilisierter Völker, das nun auch den Zürchern in internationalem Maßstabe zur Verfügung stehe.

Etwas bescheidener, aber dank ihrer Passantenlage kaum weniger kurzweilig waren die Gaststätten »Zum Raben« und »Zum Rössli« an der Schifflände, dem damaligen »Obern Quai«, wo die Markt- und Frachtschiffe anlegten. Zu den prominenten Gästen im »Schwert«, im »Raben« und im »Rössli« zählten im Jahre 1837: aus Frankreich die Grafen von Colonna, von Clermont, von Chamand-Tonnerre, Marquis de Beaufort, Marquis de Thuise; aus Italien I. K. M. die Königin von Neapel (30 Personen), Marquis de Visconti, Gräfin von Maguechelly; aus Deutschland Prinzessin von Isenburg (12 Personen), S. H. Prinz von Fürstenberg (25 Personen), die Grafen Alexander von Württemberg, von Dohna, von Pfeil, von Benzel-Sternau, von Preysing, Baron von Parseval, von Rochow, kgl. preussischer Gesandter in der Schweiz; aus Österreich Graf von Bombelles, k. k. Gesandter in der Schweiz; aus Ungarn die Grafen d'Esterhazy, von Zichy, von Palsy; aus Rußland Prinz von Wittgenstein (24 Personen), Prinz von Souwaroff (12 Personen), die Grafen von Sobolenski, General Kursacoff; aus Polen die Grafen von Jastorembiski und von Ozoroloski; aus Belgien die Edelleute du Neck, Spuckeret, Godechaele; aus England Graf von Leicester (8 Personen), Baron Croumwell; aus Havanna Graf von Montalna Morphy (6 Personen). Von Schweizern figurierten, außer den Gesandtschaften der Kantone Thurgau, Schaffhausen und Bünden, Freiherr von Meyenburg aus Schaffhausen, C. von Gonzenbach aus St. Gallen, Herr von Planta aus Chur, Landammann von Reding aus Schwyz, Freiherr von Hallwyl aus Lausanne, sodann Rentier von Muralt aus Paris, Gutsbesitzer Engelhardt aus Petersburg und Graf von Sobansky, Rentier auf Schloß Kyburg. – Kurz, für die kleine Biedermeierstadt von 14 000 Einwohnern war das wirklich der Duft der großen, weiten Welt.

Einer ganz anderen Kundschaft erfreute sich der Gasthof »Zum Rothhaus« oben an der Marktgasse, dessen »haute saison« sich hauptsächlich zur Zeit der Frühjahrs- und Herbstmesse einstellte: Handelsleute von nah und fern, nicht zuletzt aus den Judengemeinden Lengnau, Gailingen und Endingen, neben Artisten, Menagerie- und Zirkusbesitzern samt ihren abenteuerlichen Truppen. Jenes ohnehin schon volkreiche Kleinbürgerquartier, das Gottfried Keller in seinem Jugendroman »Der grüne Heinrich« beschrieb, erhielt dadurch eine weitere exotische Note.

Die Schweizerische Landesausstellung 1883 auf der Platzpromenade, wo seit 1898 das Schweizerische Landesmuseum steht. Blick auf die Schirmvitrine im Modepavillon.

50 Jahre später: Wo barg der Fremdling sein Haupt?

An Auswahl war der Fremde nicht verlegen. 1887 gab das eben eröffnete Verkehrsbureau erstmals genaue Zahlen bekannt: »In der Stadt Zürich sind 32 Gasthöfe mit 2130 Betten, in den Außengemeinden 14 Gasthäuser und Pensionen, von denen jedoch nur 4 für den eigentlichen Fremdenverkehr in Betracht kommen. Nicht gerechnet sind hierbei die zahlreichen Restaurants, Bierhäuser und Garten-Etablissements, welche wie die »Tonhalle«, die »Kronenhalle« und die Zunfthäuser ebenfalls von Fremden besucht werden.«

Erstklassige Häuser am Platz waren das »Baur en Ville«, das »Baur au Lac«, das »Belle-Vue«, das »National« und das »Victoria«. Sie erfreuten sich auch behördlicherseits einer gewissen Vorzugsstellung. Aber nicht jeder Gast war so vornehm wie das Haus, in dem er abstieg. So wurde vom »ruchlosen Meuchelmörder«, der im April 1874 wegen einer Eifersuchtsaffäre um eine Kellnerin den Direktor der Uetlibergbahn mit einem eleganten Stockdegen »mit furchtbarer Energie durchbohrt hatte«, im »Tagblatt« gemeldet, ein Paß sei dem angeblichen Georg Josef Billoin alias Sulgar aus Paris oder Brüssel nie abgefordert worden, da er nur in den ersten Hotels verkehrte. Und von einem in Deutschland gesuchten Wüstling hieß es, er nenne sich jetzt Biedermann und halte sich in besseren Zürcher Fremdenkreisen verborgen.

Ärger hatte das »Baur en Ville« in den neunziger Jahren mit einigen Tatarenfürsten. Ihre Gesinde mußten im Sihlhölzli im Freien kampieren, während sich die Häuptlinge im Hotel auf ihre eigene Art gütlich taten. Dazu gehörte, daß sie Poulets- und andere Speise-Überreste ihres »copiosen Mahles« hemmungslos auf die schönen Teppiche warfen und auch »nach anderer Richtung hin« nicht allzu kultiviert auftraten. Selbstverständlich mußte die Herrlichkeit berappt werden. Die Reinigungs- und Reparaturkosten machten über damalige 600 Franken aus, nach heutigem Wert ungefähr mit 25 zu multiplizieren.

Das »Baur au Lac« war übrigens in den vierziger Jahren als Dépendance des »Baur en Ville« eröffnet worden. Dank seiner ruhigen Lage und gesunden Seeluft zählte das »Baur« schon nach wenigen Jahren zu den vornehmsten Hotels Europas, in dem mit Vorliebe »Fürstlichkeiten und die Spitzen der internationalen Hochfinanz« abstiegen.

Das »Hotel National« war wegen seines prunkvollen maurischen Festsaals berühmt; exklusive Bälle und standesgemäße Hochzeiten hoben es über das Provinzielle hinaus. Man gab sich weltmännisch, obwohl die meisten die weite Welt nur aus bunt kolorierten Ansichtskarten kannten.

Unter den heute nicht mehr existierenden Gaststätten gab es einige ganz prominente. Allen voran das Hotel »Belle-Vue au Lac«, dessen Blick auf See und Alpen als unvergleichlich galt. Ein nicht minder großartiges Panorama bot das altberühmte »Schwert« bei der Gemüsebrücke. Hinsichtlich Rang und Namen hatte es seit Goethes und Casanovas Zeiten zwar einiges eingebüßt, aber es zehrte noch immer von seinem historischen Ruhm und war seiner »zivilen Preise« wegen geschätzt. Eine besondere Funktion erfüllte das Hotel »Victoria«. In seinen eleganten, verschwiegenen Gemächern pflegten nach überstandenem Festrummel gutsituierte Zürcher Hochzeitspärchen ihre Flitterwochen einzuweihen, um tags darauf, verschont von neugierigen Blicken lieber Bekannter, die paar wenigen Schritte zum Bahnhof zu gehen und mit der 1882 eröffneten Gotthardbahn dem romantischen Süden entgegenzueilen.

Ein Wirtschaftsführer der Jahrhundertwende

An Kneipen ist Zürich überreich,
weil jeder, der nicht prosperiert
in seinem sonst'gen Beruf, sogleich
ein Wirtshaus etabliert.

Da schenkt er Bier und Weine aus,
zumeist nicht grade die besten,
und macht ihm die schwere Arbeit Graus,
so jasst er mit seinen Gästen.

Der Zürcher weiß, woran er ist,
er kann seinen Wein vertragen;
doch dem durstigen Fremdling frißt
er Löcher in den Magen…

So spottete ein anonymer Verseschmied 1894 in seinem gereimten Stadtführer »Lebende Photographien für Einheimische und Fremde«. Damals zählte man im kleinen Zürich zum Leidwesen der Obrigkeit 1029 Gasthöfe, Bier-, Wein-, Kaffeewirtschaften und Küchlistuben. Gelegentliche Ermahnungen gegen das »allgemeine Wirtshaushocken« nützten wenig, da andere abendliche Zerstreuungen selten waren. Öffentliche Vorträge und Bildungskurse gab es nur in beschränktem Maße, die Veranstaltungen des Lesezirkels Hottingen richteten sich an literarische Feinschmecker, die Akademischen Rathausvorlesungen hatten ihren intellektuellen Abonnentenkreis, Theater- und Konzertbesuch waren für manches Portemonnaie unerschwinglich. Dafür blieben die Wirtshäuser offen, solange sie nur wollten, war doch gerade im Jahre 1893 die Einführung der Polizeistunde vom Volke mit Entrüstung verworfen worden. Eine häufige Begleiterscheinung jener alkoholfreudigen Epoche war die Begegnung mit einem »Rauschmann«. Der Jugend machte dies Spaß,

Die 1837 eröffnete Münsterbrücke. Ganz rechts das Zunfthaus »Zur Meisen«, ganz links das Zunfthaus »Zum Rüden«. In der Limmat das »Bauschänzli«, heute ein Sommerrestaurant.

weniger den Frauen und Töchtern, die sich zu später Nachtzeit kaum ohne männliche Begleitung auf die Straße wagten.

Größere Weinstuben befanden sich hauptsächlich in den Hotels und Zunfthäusern. Der »Schwert-Keller« bei der Gemüsebrücke war der Treffpunkt junger Akademiker, schwarz gekleideter Nihilisten, emigrierter deutscher Sozialisten und neugieriger Gymnasiasten, die hier im mystischen Halbdunkel an Fässern saßen und bis zum Morgengrauen die Welt verändern wollten. In gehobenen Restaurants wie der »Kronenhalle« und dem »Veltlinerkeller« verkehrte ein gutbürgerliches Publikum. Ihre speziellen Gäste besaßen die »Waadtländische Weinhalle«, die »Italienische Weinhalle« und die »Spanische Weinhalle«, die für ihren süßen Malaga berühmt war:

Blick vom Hotel »Belle-Vue« auf die Quaibrücke, um 1900.

Das Walliser Stübli ist niedrig und klein,
kein Gold deckt der Wände Blöße,
doch wunderbar süffig ist der Wein,
und die Beefsteaks von riesiger Größe.

Die Weine von Bünden und vom Veltlin
verschenkt der Veltliner Keller,
und wenn du es wagst, dorthin zu ziehen,
vertrinkst du den letzten Heller.

Von der Lebewelt wurde die »American Bar« im »Zürcherhof« frequentiert. Was die Weinrestaurants betrifft, so erwuchs diesen in den großen Bierhallen bald eine gewaltige Konkurrenz.

Zum Leidwesen der vielen Zürcher Brauer kam dort hauptsächlich Kulmbacher, Pilsner, Pschorr-, Hackerbräu und Münchner Bürgerbräu zum Ausschank.

Wer auf Schweizer Bier den Sinn gewandt,
kann reiche Auswahl haben,
jedoch verleiht das Vaterland
nicht immer die besten Gaben.

Auch würden mich, sagt' ich noch mehr,
die Brauer zur Rede stellen,
vorsichtig nenne ich daher
nur fremdes Bieres Quellen.

Ein Hackerbräu von Qualität,
das findet man im Kropfe;
wer dort sich festsetzt, der entgeht
nicht vor dem fünften Topfe.

Das Münchner im Franziskaner kann
und im Metzgerbräu man loben;
die letztere Sorte findet man
auch auf der Jakobsburg oben.

Wer gerne kühles Pilsner zecht,
kann sich im Gotthard laben,
und trefflich ist es, klar und echt,
in der Meyerei zu haben.

Besonderer Gunst erfreuten sich beim großen Publikum die Gartenwirtschaften: die »Blaue Fahne«, wo der stadtbekannte Papa Krug seines Amtes waltete, das »Drahtschmidli« in Unterstrass und der besonders attraktive »Plattengarten« in Fluntern. Lauschige Grottenbeete mit Gnomen und Zwergen, ein kleiner Tierpark, eine rieselnde Quelle und eine Kegelbahn fanden sich dort malerisch vereint. Der besondere Stolz des »Plattengarten«-Wirtes Friedrich Mebes war der größte Stammtisch der Schweiz, der im Fuß einer aus Rifferswil stammenden Riesenlinde von 3 1/2 Meter Durchmesser bestand. Umlagert war er zumeist von einer bunten Studentenschar, unter denen die Russinnen mit kurz geschnittenem Haar und Männerhüten und die Spanier mit

Plakat von Fritz Boscovits, 1912.

kurzen Kapuzen-Radmäntelchen besondere Aufmerksamkeit erregten.

1893 produzierte sich im »Plattengarten« eine Singhalesen-Karawane, der ein um so stärkerer Zuspruch beschieden war, als die Polizei vorher sämtliche Zirkusgesuche abgewiesen hatte. Auf eine Beschwerde der Nachbarschaft hin mußten die Artisten während der Woche im Glaspavillon bei geschlossenen Fenstern gastieren, wobei das Trommeln tunlichst einzuschränken war. Etwas später wurde das verehrte Publikum durch die Vorführung einer Alpenbahn – »die staunenswerteste Schöpfung der Neuzeit« – in Aufregung versetzt. Ein Gesuch, im »Plattengarten« »als Laune der Natur« ein Doppelkalb vorführen zu dürfen, fand vor der hohen Obrigkeit enttäuschenderweise keine Gnade. Vorübergehend wurden auch Operetten dargeboten; aber die Einnah-

men blieben immer weit hinter den Auslagen zurück.

Die Konkurrenz um die Gunst des wenig wohlhabenden Publikums war groß. Mit Attraktionen versuchte man da und dort den Umsatz zu heben. Beliebt waren Walzersängerinnen, Zithervirtuosen, Clowns, Jongleure, Negerhäuptlinge und Jodlergruppen »in Sennentracht«. Ein Wirt lockte mit der »dicksten Kellnerin«, ein anderer mit einem anderthalbjährigen, lebenden Kind, das fünf Beine hatte. Der Schuhmacher Jean Speck, der später das »Panoptikum« und Zürichs erstes Kinotheater eröffnete, wirtete 1895 im »Weißen Kreuz« bei der Schifflände und danach im »Schwänli« am Predigerplatz, wo er zwischen den Tischen tätowierte Damen, Zwerge und Riesen, Fakire, Feuerfresser und Bauchtänzerinnen auftreten ließ.

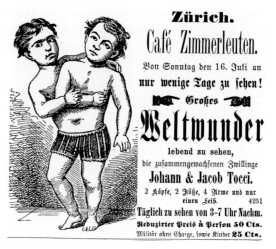

Annonce des Zunfthauses »Zur Zimmerleuten«, 1902.

An der Badenerstraße wurde – Vorausbestellung: Telephon 214 – von vier bis acht Uhr morgens und abends ab fünf Uhr »Gaissmilch« vom Melken weg serviert. Ein Vegetarierrestaurant bestand in Zürich seit 1897, aber die »Grasfresser« wurden noch lange verhöhnt. Auch alkoholfreien Wirtschaften stellte man keine gute Prognose. Die Temperenzler wurden als Prediger in der durstigen Wüste belächelt, und »Karl der Große« an der Kirchgasse lieh seinen glorreichen Namen vorläufig noch einer feuchtfröhlichen Bierkneipe.

Auch der dichtende Wirtschafts-Sachverständige fühlte sich »den Stadtheiligen Gambrinus und Bacchus« mehr verbunden als der »geistlosen Pomona«, der Göttin des Apfelsafts:

Von einer Art Lokalen nur
weiß leider ich gar nichts zu sagen;
sie sind mir wider die Natur
und liegen mir drum im Magen.

Das sind die Temperenz-Cafés
mit Obstwein und Limonade,
denn diese Getränke, ich gesteh's,
find' ich abscheulich fade.

Neuerungen hatten es in Zürich überhaupt schwer. 1902 las man in der »Zürcher Wochen-Chronik«: »Die an der Kasernenstraße vor kurzem eröffnete amerikanische ›Stehbierhalle‹ ist wieder eingeschlafen, um nach Neujahr als gewöhnliche ›Hockwirtschaft‹ zu erwachen. ›Zeit ist Geld‹, sagt der Amerikaner. ›Gut Ding will Weile haben‹, heißt es bei uns.«

Ähnlich erging es den ersten Zürcher Selbstbedienungsrestaurants. Im Sommer 1901 meldete die Presse: »Zürich erhält in nächster Zeit nicht nur ein, sondern gleich zwei automatische Restaurants, und zwar beide an der untern Bahnhofstraße. Die bezüglichen Umbauten werden mit Eifer gefördert.«

Gleichzeitig hatten zwei Bewerber ein Gesuch um die Eröffnung »elektrischer automatischer Restaurants« eingereicht, und zwar an der Bahnhofstraße 63 und 106. Beide Herren, M. Schöffter und C. Landolt, bekamen nach anfänglichen Schwierigkeiten ein Patent. Dabei wurde darauf hingewiesen, daß in Berlin, Köln und anderswo bereits solche Etablissements bestünden. Als erstes Zürcher Automaten-Café-Restaurant galt das Lokal des Herrn

Conrad Landolt: Es war in dekorativem Jugendstil eingerichtet und befand sich dort, wo sich heute in einem Neubau das »Merkur«-Geschäft befindet. Jeder bediente sich im Automaten-Café selbst. Das war neu für Zürich. Auffällig auch die kleine Zahl der Tische und Sitzgelegenheiten. Ähnlich wie in einem englischen Pub nahmen viele Geschäftsherren stehend eine Erfrischung, um sich dann wieder an die Arbeit zu begeben.

Das Restaurant an der Bahnhofstraße 106 dürfte etwa fünf Jahre bestanden haben, während das Automatenrestaurant »Helvetia« erst 1907 einging, als der Wirt von unbekannter Hand ermordet wurde.

Landesausstellung und Typhus

Am frühen, stürmischen Abend des 3. Dezember 1885 trafen sich 40 besorgte Männer im Zunfthaus »Zur Meisen« zu einer öffentlichen Aussprache. Verhandlungsgegenstand: »Schaffung eines Organs zur Wahrung und Förderung der Verkehrsinteressen Zürichs«. Noch am gleichen Tag wurde die »Offizielle Verkehrskommission« zur beförderlichsten Anhandnahme der diesbezüglichen Angelegenheiten gegründet.

Die kurzfristig einberufene Versammlung prominenter Gastwirte, Rats- und Handelsherren, der Pferdebahndirektion und des Medizinalrates stand vor dem Hintergrund zweier kontroverser Ereignisse: Die aus privater Initiative einiger eigenwilliger Zürcher organisierte erste Schweizerische Landesausstellung vom Sommer 1883 hatte mit 1,7 Millionen Besuchern aus dem In- und Ausland alle Prognosen weit übertroffen und der Stadt Ruhm, Ehre und großes Ansehen gebracht. Der Fremdenverkehr könnte bei angemessener Förderung zu einem bedeutenden Wirtschaftsfaktor werden! Nun aber war im Frühling 1884 durch einen Fehler in der Trinkwasserversorgung eine schwere Typhusepidemie ausgebrochen. Die Medizinalstatistik meldete 63 Tote. Die ausländische Presse schlachtete die Katastrophe weidlich aus: »Zürich, das einstige Limmat-Athen, ist eine so unhygienische Stadt geworden, daß keiner mehr hinfährt, wenn ihm das Leben lieb ist.« Konnte, mußte man diese Schmach so einfach auf sich sitzenlassen?

Schon im März 1885 war der Verein der Gasthofbesitzer auf Drängen des »St. Gotthard«-Wirts Heinrich Zolliker an den Stadtrat getreten, doch dieser hatte die Schaffung eines städtischen Verkehrsamtes abgelehnt, aber für eine sich zu bildende private Verkehrskommission einen Gründungsbeitrag von 5000 Fran-

ken in Aussicht gestellt. Der Hotelierverein rundete das Startkapital auf stolze 12 000 Franken auf.

Im Juli 1886 wurde im Parterre der Börse an der oberen Bahnhofstraße das »Offizielle Verkehrsbüro« eingerichtet, das mit rund 1000 Besuchern pro Jahr kaum überlaufen war. Es fehlte auch nicht an Kritikern der neuen Institution: Die Herren Comitée-Mitglieder wären nichts anderes als durchsichtige Anschickmänner der Hotellerie, denen nichts näherstehe als der eigene Profit.

Auch gegen Mißbräuche war man nicht gefeit: »Wenngleich unser Bureau sehr gerne und bereitwillig Auskunft über hiesige indu-

Zürichs erste elektrische Beleuchtung im Bierkeller der Landesausstellung 1883.

»Statistik des Fremdenverkehrs« wies mit berechtigtem Stolz auf das Erreichte hin: Zürich hatte mit 234 570 Besuchern im Jahre 1894 vergleichbare Städte wie Bern und Basel und selbst die ausgesprochene Fremdenstadt Luzern bei weitem überflügelt. Das gleiche gelte für die 2951 Fremdenbetten in 22 Hotels ersten und zweiten Ranges und 35 Gasthöfen dritten Ranges, die insgesamt einen Umsatz von 2,7 Millionen Franken erzielten, wobei allerdings die Bemerkung beigefügt werden müsse: »Für den eigentlichen Fremdenverkehr fallen in maßgebender Weise nur die Hotels erster und zweiter Klasse in Betracht, die vielen Hotels dritten Ranges dienen vorzugsweise den Arbeiter- und Verdienstsuchenden sowie dem Lokalverkehr.«

Ganz ungetrübt war die Freude im übrigen nicht. Gerade die reisegewohnten solventen Ausländer – Engländer, Franzosen und Niederländer –, die in Zürichs First-class-Hotels übernachteten, verbrächten ihre längerdauernden Ferien noch immer mit Vorliebe in Luzern. Dabei seien die Zürcher Schulanstalten, Konzerte, Vorträge, Bibliotheken und großartigen öffentlichen Festlichkeiten den Luzernern weit überlegen. Dazu komme »die besondere Fähigkeit der Zürcher in bezug auf die glückliche Auswahl des Wetters für solche Festivitäten«. Und: »Es wird wohl keine Stadt der deutschen Schweiz uns in Betreff dieser Vereinigung von Vorzügen den Rang streitig machen.«

Zu ihrem 100-Jahr-Jubiläum im Sommer 1985 wartete die Verkehrsdirektion Zürich mit aktuellen Zahlen auf: »Heute zählt man in der Stadt 117 Hotels mit rund 10 500 Gastbetten. Im Berichtsjahr 1984 erreichte die Zahl der ankommenden Gäste und der Übernachtungen in den Zürcher Hotels ihren absoluten Höchststand mit 1 121 314 Ankünften und mit 1 356 787 Logiernächten. Den jährlichen Bruttoumsatz schätzt man auf 600 Millionen Franken, das Zweihundertfache von damals.«

strielle und gewerbliche Verhältnisse erteilt, so kann es doch nicht Aufgabe unseres Instituts sein, über die näheren Verhältnisse einzelner Firmen und ihrer Creditverhältnisse Auskunft zu geben«, lesen wir im ersten »Geschäftsbericht 1886, erstattet vom Executive-Comitée«. Eine von Straßenbahndirektor Eduard Guyer-Freuler nach zehn Jahren herausgegebene

KULINARISCHES ZÜRICH?

»In Zürich sind zwei Städte ineinander geschoben, nämlich Seldwyla und New York, Seldwyla lebt in den Tag hinein, New York schuftet in die Nacht hinaus. Seldwyla hat etwas von einem behäbigen Gast, der verzehrt, New York etwas von einem hastigen Kellner, der serviert«, schrieb Sigismund von Radecki und bestellte bei der »Serviertochter« ein »Kaficomplet«, denn »schon das Zürcher Wort ›Kafi-complet‹ lächelt in der Vermählung von Dialekt und Weltsprache. Hier spiegelt sich die ganze Welt in einer Kaffeetasse.« Und ein anderer fragte: »Was ist zürcherischer: Rösti mit Bratwurst oder das berühmte nationale ›Kafi-complet‹, das zur internationalen Fami-

lie der ›Cafés complets‹ gehört, sich aber an der Limmat dadurch auszeichnet, daß es zur richtigen Mahlzeit avanciert und durch einen Preisaufschlag ab 11 Uhr zum Diner oder Souper etikettiert ist?«

Neben dem Gemeinderatsschüblig, der sich durch Dicke und Größe vor anderen seiner Gattung auszeichnet, prangt die Zürcher Rostbratwurst zumindest am Sechseläuten auf allen Karten zürcherischer Spezialitäten, wo mit den Leberspießli, den Kutteln nach Zürcherart auch der Zunftmeistertopf zu finden ist. Doch Zürich als Großstadt hat sich über die Seldwyler Speisefolge weit hinausgereckt, und mit Erstaunen stellt der Gourmet fest, daß sie hier vielfarbig ist wie selten in einer Stadt dieser bescheidenen Größe. Der literarische Gast wird sich vermutlich mit besonderem Elan Gottfried Kellers Leibgericht – Kalbsschnitzel mit Spinat, Speck, Ei und Kartoffeln – zuwenden und aus dessen höchst substantieller Zusammensetzung eigene Schlüsse ziehen. Denn so mastig kann es auf die Dauer ja nicht weitergehen. Daß aus Kalorien bald einmal Kiloreien werden, haben die eßlustigen Zürcher längst am eigenen Leib erfahren.

Bewußt wurde es ihnen spätestens dann, als der Arzt und Gemüsediätspezialist Dr. Max Bircher-Benner (1867–1937) seine »Fruchtdiätspeise« lancierte. Wer den Namen »Birchermüesli« zuerst auf eine Menükarte setzte, ist nicht mehr zu eruieren. Heute wird es sogar von den Indern geschätzt, in manchem Luxushotel rund um den Erdball kommt die »Coupe Bircher« als Vorspeise auf den Tisch, in Deutschland bestellt man schlicht und einfach »ein Bircher«, in England ein »Swiss musli«, was eine holländische Zeitung auf die Vermutung brachte, daß die Speise nach einem schweizerischen Arzt namens Dr. Müesli benannt wurde. Vieles, was heute unter dem Namen »Birchermüesli« geht, hat allerdings mit der bekömmlichen und vitaminreichen Fruchtspeise des Zürcher Sanatoriumsgründers nicht mehr viel gemein.

Die Schweizer Küche hat im Ausland einen guten Ruf. Wie steht es aber mit den typisch zürcherischen Spezialitäten? Zürich hat sich auch in dieser Kultursparte sehr weltoffen gezeigt. »Der Zürcher ist, wie er ißt: international.« Was in Europa gegessen und getrunken wird, gibt es auch in der kleinen Weltstadt an der Limmat: vom »Bahnhofbuffet« Zürich über die gepflegten Zunfthäuser und das Flughafenrestaurant »Kloten« bis zu den vielen bekannten und versteckten »Freß-« und »Landbeizli«, hinter deren oft schlichten Speisekarten sich manche kulinarische Überraschung verbirgt. Zürichs »Wirtschafts-Geographie« ist allerdings nicht so schnell zu erforschen, denn die Stadt allein zählt mehr als 1200 Gaststätten, eingerechnet Buffets, Pinten und Bars, Bier-, Quartier- und Animierbeizen.

Die bekannteste und beliebteste Zürcher Spezialität ist ein Kalbfleischgericht: »Züri-Geschnätzlets«, zu dem in der Regel Rösti, oft aber auch Nudeln oder Reis serviert werden. Wie verschieden selbst die Berufsköche das Geschnetzelte in Zürich zubereiten, hat eine Journalistenequipe des »Tages-Anzeigers« erfahren, als sie das Gericht in einem Dutzend Restaurants bestellte und nach Preis, Qualität und weiteren Kriterien testete. Nicht alles war da »comme il faut«. Trotzdem hat das Geschnetzelte nach Zürcherart weit über die Schweiz hinaus Freunde gewonnen. Es hat in »Die 100 berühmtesten Rezepte der Welt« Eingang gefunden, wo es als ein »schlichtes und schnelles Gericht« gepriesen wird, »dem bei aller Einfachheit eine gewisse Raffinesse nicht abzusprechen ist«. Gibt es Typischeres?

Daß man in Zürich neben dem Lokalen und dem Internationalen sämtliche Landesspezialitäten findet, genießt der Feinschmecker: Berner Platte und Bündner Salsiz, Walliser Raclette, Waadtländer Fondue und Tessiner Spaghetti. Aber für festliche Anlässe scheuen die Zürcherinnen keine Mühe und warten gerne mit eigenen Küchenkünsten auf. Was einst den Zürcher Seidenherren und Zunftmeistern vor-

Vornehme Gastlichkeit um 1895. Ein perfekter xylographischer »Schnappschuß« aus der Zeit vor dem Photodruck. In den liebevollen Details spiegelt sich der Glanz der »Belle Époque«.

behalten war, steht heute als besonderer Fest-schmaus gelegentlich auf dem geschmückten Sonntagstisch: Zürcher Ratsherrentopf und zum Nachtisch eine Zürcher Pfarrfrauentorte. »Kapaun au gros sel«, wie er einst als Speziali-tät des Hauses den illustren Gästen im »Roten Schwert« vorgesetzt wurde, ist von Zürichs

Menükarte hingegen gänzlich verschwunden, und auch die einst beliebte »Bouilli au pauvre homme«, ein Rindfleischgericht in Fleischbrü-he, gibt es nicht mehr, da es zum Schmoren heiße Asche verlangte. Sicher sind heute die Küchengrundlagen besser als vor 200 Jahren. So schrieb kürzlich eine küchenkundige Wahl-

zürcherin: »Zürich produziert nicht nur Con-naisseurs, sondern auch den höchsten Quali-täts-Durchschnitt. Die Sardine der ›Migros‹ ist die einwandfreiste, weil durchkontrollierteste Sardine der Welt. Zürich ist die Stadt, welche die höchsten Durchschnittsansprüche der Welt befriedigt.«

Im ganzen gesehen, sind die Zürcher und ihre Küche aber noch immer eher etwas frugaler als raffiniert. »Hier wird noch mit Butter und Liebe gekocht«, schrieb ein Außersihler auf sein Aushängeschild und hatte seine Gaststube voll. Aber auch die Zürcher Hausfrau schwingt ihren Kochlöffel nach einem recht modernen Rezept, das der erste Koch im »Hôtel Baur« schon 1852 in seinem »Zürcher Kochbuch« verbreitet hatte: »Entwickle aus jedem eßbaren Dinge, was dessen natürlicher Beschaffenheit am meisten angemessen ist. Diesen höchst wichtigen Grundsatz tritt man täglich in der Theorie wie in der Praxis mit Füßen. Es sind eben nicht alle Köche, so lange Messer tragen.«

Luftaufnahme des Ballonpioniers Eduard Spelterini, 1902.

DIE GASTLICHEN STÄTTEN

Schiffländeplatz am oberen Limmatquai, um 1838. Von links: Großmünstertürme, Herbergen »Zum Hecht« und »Zum Raben«. Ganz rechts angeschnitten die Herberge »Zum Bilgerischiff«.

Zum Raben, Zum Hecht und Zum Bilgerischiff

Oberes Limmatquai

Zürichs älteste mit Namen überlieferte Herbergen waren die Wirtshäuser »Zum Raben«, »Zum Hecht« und »Zum Bilgerischiff«. Alle drei hatten mit dem berühmten und vielbesuchten Pilgerort Einsiedeln zu tun. Die im Kanton Schwyz gelegene grandiose Klosteranlage, eines der Hauptwerke der abendländischen Barockarchitektur, wurde zu Anfang des 9. Jahrhunderts als Einsiedelei vom Heiligen Meinrad gegründet. Er hielt sich nach der Legende zwei Raben, die er aufzog und ernährte. Zwei Räuber, die er mit Brot und Wein bewirtet hatte, erschlugen ihn. Die beiden Raben verfolgten die Mörder bis nach Zürich, wo sie bei der Schifflände eine Unterkunft fanden. Die rächenden Raben setzten sich aufs Dach und krächzten so lange, bis man aufmerksam wurde und die beiden Missetäter festnahm. Soweit die Legende.

Tatsächlich war der »Raben« im heutigen Viertel Oberdorf eine der ältesten Herbergen Zürichs. 1317 wurde er mit dem benachbarten Wirtshaus »Zum Hecht« unter einem Dach zusammengebaut. Um 1722 soll die uralte Gaststätte eingegangen sein.

Vor einem guten Jahrzehnt dachte man daran, das verwinkelte, längst baufällige Haus durch ein modernes Geschäftshaus zu ersetzen. Doch das ehrwürdige Alter und wohl auch die Heiligenlegende brachte das Baukonsortium zur Besinnung. Das Haus wurde trotz seines eigenwilligen Baukörpers mit großem Aufwand renoviert. Heute beherbergt es das »Café zum Raben«. Bei schönem Wetter wird auch davor, auf dem schmucken Hechtplätzchen serviert. Vor allem junge Leute aus den umliegenden Geschäften für poppige Mode geben sich hier ein Stelldichein.

Gleich nebenan stand einst das mittelalterliche Wirtshaus »Zum Bilgerischiff«. In den Akten erscheint es 1389. Es diente den zahlrei-

Das Bilgeri Schiff.
Nach einem sehr alten Gemähld, so an einem Haus an der oberen Schiffländi in Zürich angemahlt ist.

chen Einsiedeln-Pilgern, die durch Zürich kamen und von hier seeaufwärts das Schiff benutzten, als Unterkunft und Sammelplatz. Auch nach der Reformation brachen die Einsiedlerzüge nicht ab. Aber die Pilger durften erst weit im See draußen mit ihren Gebeten und Gesängen beginnen; in der Stadt mußten sie nach einer strikten Verordnung der Obrigkeit schweigen und sich an die ihnen zugewiesenen Herbergen halten.

ZUM GOLDENEN LÖWEN

Rennweg 11

Das legendäre Hotel »Zum goldenen Löwen« muß eine der ältesten Gaststätten gewesen sein. Der malerische Rennweg, heute ein renommierter Seitenzweig der Bahnhofstraße, aber gemütlicher und überblickbarer, führte schon zu Beginn unserer Zeitrechnung vom römischen Siedlungskern hinaus zur Sihlbrükke, von dort nach dem antiken Kurort Aquae Helveticae (Baden) und nach Vindonissa (Windisch), wo die Legionäre des Augustus zum Kampf gegen die barbarischen Germanen ein mächtiges Militärlager angelegt hatten. Der Verkehr von den Bündnerpässen über Turicum nach Windisch muß recht rege gewesen sein. Neue archäologische Funde haben ergeben, daß der Rennweg schon damals von einigen Handwerkern besiedelt war. Dem »Löwen« gegenüber, am Abhang des römischen Kartells, wurden kürzlich als bisher älteste Grabungsfunde – ausgenommen die Pfahlbauten – die Fundamente und Glasscherben einer römischen Weinstube oder Militärkantine aufgedeckt.

Der Dichter Conrad Ferdinand Meyer, der seine Jugendjahre ganz in der Nähe verbrachte, erwähnte den »Löwen« in seiner im ausgehenden 12. Jahrhundert spielenden Novelle »Der

Aus dem uralten Gasthaus »Zum goldenen Löwen« wurden 1908 die »Eden-Lichtspiele« (bis 1939).

Heilige«: Der durch das Rennwegtor einreitende Hans der Armbruster läßt sich mit dem vor das Haus getretenen »Herbergsvater zum Löwen« in ein Gespräch über den neuen Schaffhauser Wein ein, um dann in den Gasthof »Zum Raben« auf das andere Limmatufer hinüberzuwechseln.

Die Schilderung klingt so lebendig, als wäre Meyer dabeigewesen. Nur, vor dem 13. Jahrhundert besaß Zürich keine Stadtmauer und deshalb auch kein Tor. Das repräsentative Rennwegtor mit dem mächtigen Sforza-Rondell, das für den Bau der Bahnhofstraße abgebrochen wurde, entstammte sogar erst dem frühen 16. Jahrhundert, wobei als erster Passant der Storchenwirt mit einem Kornwagen hindurchfuhr. Und das Wirtshaus hieß, falls es zur Zeit des »Heiligen« schon bestand, »Zum gälen (gelben) Hörndli«. So wenigstens ist es zu Beginn des 16. Jahrhunderts erwähnt. 1504

saß der Pfister (= Bäcker) Heini Kramer darauf, zwei Jahre später wird als Besitzer ein Peter Keller genannt. Erst 1718 ist der spätere Hausname erwähnt: »Heinrich Nabholz, Wirth zum Leuen, olim Hörndli«, was aber dem vermutlich hohen Alter der Herberge keinen Abbruch tut.

Während des polnischen Freiheitskampfes 1883/84, den die Zürcher mit Geld und Waffen unterstützten, wurden polnische Flüchtlinge, aber auch Kriegsfreiwillige im »Löwen« einquartiert. 1896 empfahl sich das »Hotel zum goldenen Löwen« als Haus dritten Ranges mit 40 Betten und großen Stallungen. Auch als Weinstube und für ländliche Hochzeitsgesellschaften, die hier den pausenlosen Fuhrbetrieb bewundern wollten, soll das Hotel beliebt gewesen sein. Aber der stolze Name täuschte nicht über zunehmende Alterserscheinungen hinweg. Nachdem der Unterhaltungsspezialist

Jean Speck am nahen Waisenhausplatz im April 1907 das erste ständige Kinotheater »mit lebenden Bildern« eröffnet hatte, fiel im folgenden Jahr auch das Hotel »Zum goldenen Löwen« dem Zeitgeist zum Opfer.

Anfänglich »Löwen-Kinématograph«, später »Eden-Lichtspiele« geheißen, starb das Etablissement 1929 an der Konkurrenz des aufkommenden Tonfilms. »Zu klein, um große Kunstwerke zu zeigen«, wich es nach längerem Umbau der »Conditorei W. Hoyer mit Rennweg-Stübli«, die aber auch nicht mehr besteht. Die hervorragende Lage kostete ihren Preis, der Einfluß der sündhaft teuren Bahnhofstraße ließ sich nicht aufhalten. Nur die renommierte »Confiserie Honold«, ganz unten am Rennweg, wo einst das Tor stand, hat als erquickende Oase überlebt.

KINDLI

Pfalzgasse 1

»Wohl bekannt schon anno 15hundert«, lesen wir an der Fassade in schöner Fraktur, denn »Waldmann und Göldlin, Zürichs Bürgermeister, / bannten beim Trunk hier der Sorgen Geister«. Schön die Vorstellung, wie sich hier in der Gaststube die beiden Kollegen freundschaftlich zugeprostet haben können. Nur, Waldmann und Göldli bekämpften sich ihr Leben lang bis aufs Messer, was 1489 zur Hinrichtung Hans Waldmanns führte. Auch die Datierung des Gasthauses »anno 1500« erfolgte ohne genauere Geschichtskenntnis.

Als ein sächsischer Salzjunker aus Halle an der Saale auf einer Pilgerfahrt kurz vor Pfingsten 1474 nach Zürich kam – er folgte allen von Karl dem Großen gestifteten Klöstern von Aachen bis Zürich –, war er am Ende seines Alphabets. Vom Großmünster war er nicht überwältigt, beeindruckt war er vielmehr von der Pfingstprozession auf den »Lindenhof«, dem Sitz der einstigen Kaiserpfalz. Großes Lob spendete er auch der Herberge zum »Kindelyn«, dessen Wirt Albert Moser ein »ausbündig frommer Mann« gewesen sei, »der herberget nit allerley Lüthe«.

Für die historisch interessierten Kunden des »Kindli« gibt es noch ein weiteres Zeichen für die besonders fromme Haltung dieser Pilgerstation. Über der Eingangstür befindet sich ein in Stein gehauenes Wirtshausschild: Zwischen den Wappen der acht alten eidgenössischen Orte steht ein Knabe, in der Hand den von einem Kreuz gekrönten Reichsapfel. Woher diese Anmaßung? Der Reichsapfel war das Hoheitszeichen des deutschen Kaisers. Gab es da noch etwas über ihm? Ja, das Christuskind als der Herr der Welt. Das Wirthaussignet mit dem Knaben muß uralt sein, denn es existiert ein auf Holz gemalter Vorgänger aus dem 16. Jahrhundert, heute im Schweizerischen Lan-

Gaststätte »Kindli«, heute »Hotel-Restaurant Swiss Chalet«.

desmuseum aufbewahrt. Die Erklärung liegt nahe: Das Haus zum »Kindli« muß einst »zum Christuskindchen« geheißen haben.

Die fromme Gaststätte wurde bald populär und wohl auch ein wenig vulgär. Beim großen Zürcher Freischießen 1504, zu dem sich auch Schützen aus der Innerschweiz, aus Süddeutschland und Österreich einfanden – es war das letzte gemeinsame Schießen vor der Reformation –, da waren im Kindli alle Betten bis unter den Giebel belegt. Ganz begeistert waren die jungen Burschen von der Hausmagd, besonders gerühmt von einem Schützen, der ihr nach dem Nachtlager ein schriftliches Kompliment hinterließ, das wir hier nicht wiedergeben können.

Nach der Reformation soll das etwas heruntergekommene Haus als Gefängnis für Wiedertäufer benützt worden sein. Außer einigen Vorfällen aus dem Kapitel »Feuersbrunsten« weiß die Chronik im weiteren kaum bemerkenswerte Ereignisse zu vermelden. Erst 1918 wurde man wieder auf das »Kindli« aufmerksam: Der Vater des später bekannten »Red Ox«-Wirtes Jacky Wolf hatte die Beiz übernommen und mit seinem einfallsreichen Sohn in ein Altstadtlokal mit musikalischer Unterhaltung verwandelt. Damit war ein entscheidender Schritt getan. Zu Weihnachten 1950 annoncierte das junge Gesangstrio Schmid alte und neue Schlager. Als »Geschwister Schmid« reisten sie mit eigenen Kompositionen und dem Bandleader Teddy Stauffer durch ganz Europa und wurden in den USA mit Enthusiasmus empfangen. Teddy blieb dort, die drei kehrten heim.

Seither ist das »Hotel-Restaurant Swiss Chalet« immer überfüllt. Touristen aller Länder genießen Schweizer Gesang, Jodeln, Folklore und kulinarische Spezialitäten. Doch die Schmids sind nicht mehr die jüngsten – der Leader Joe ist 1983 gestorben –, und man fragt sich besorgt, wie lange es noch so weitergehen kann.

Zu Gast in historischen Zunfthäusern

In Zürich waren die Zünfte das Gelbe im Spiegelei: In einem farblosen Umfeld namenloser Bauern und stimmloser Ansassen bildeten sie das glänzende politische und wirtschaftliche Zentrum. So wenigstens sahen sie sich selber.

Mit einem Staatsstreich hatten die Handwerker 1336 den despotischen Stadt- und Geldadel aus dem Rathaus verjagt. Über 450 Jahre bestimmten und lenkten sie die Geschichte und die Geschicke des Stadtstaates, bis sie zu einer absolutistischen Oligarchie verfilzten und ihre Auflösung 1799 wiederum als Befreiung empfunden wurde.

Zu Beginn des 19. Jahrhunderts, nach dem Abzug der französischen Heere, sind die Zünfte wiederauferstanden. Nicht mehr mit der Prachtentfaltung und Machtfülle von einst, aber doch als Träger einer alten Tradition und aufgeklärter Bildung. Sie führten, soweit ihnen die finanziellen Mittel geblieben waren, ihre alten Häuser weiter und tun dies heute noch. Ihre seit Jahrhunderten gehegten und gepflegten Zunfthäuser heißen »Zum Rüden«, »Zur Saffran«, »Zur Zimmerleuten«, »Zur Meisen«, »Zur Waag«, »Zur Schmiden« und »Zum Königstuhl«. Außer dem Zunfthaus »Zur Meisen« werden alle als anspruchsvolle Speiserestaurants betrieben: Historische Ambiance, ausgesuchte Zunftweine und vor allem Zürcher Spezialitäten. Sie liegen alle im malerischen Zentrum der Altstadt und sind stilreine Denkmäler des Spätmittelalters, der Frührenaissance und des Barock. Keine andere Stadt besitzt einen so reichen Schatz jahrhundertealter, repräsentativer Gaststätten.

Waren es einst – zusammen mit der adeligen Gesellschaft der Constaffel – 13 Zünfte, so beträgt ihre Zahl heute beinahe das Doppelte, denn bei den Eingemeindungen von 1893 und 1934 wollte fast jede der einst selbständigen Gemeinden auch eine Zunft haben. Einzelne dieser Stadtteilzünfte haben sich ein Zunfthaus gekauft oder gepachtet, andere sind bei renommierten Gasthäusern eingemietet.

Doch als historische Zunfthäuser gelten nur die oben erwähnten, zu denen sich dieser Tage noch ein weiteres gesellt: Die »Widder«-Zunft kehrt nach rund 200 Jahren in ihr angestammtes Zunfthaus zurück, allerdings nicht mehr als Besitzer, aber mit einem Vorzugsabkommen, das ihnen und dem Haus zur Ehre gereicht.

Am Limmatquai um 1910. Links das Rathaus, rechts der »Rüden«, das Gesellschaftshaus der Constaffler.

ZUNFTHAUS ZUM RÜDEN

Limmatquai 42

Ursprünglich Zürichs Münzstätte, wurde das mächtige Haus am Silvesterabend 1349 von Bürgermeister Rudolf Brun der vornehmen Gesellschaft der Constaffler zur Verfügung gestellt. Das war ein Akt der staatsmännischen Klugheit: Mach dir die Feinde zu Freunden! Zwar hatte Brun mit Hilfe der Handwerker den alten Ratsadel aus der Stadt verbannt, aber die wenigen, die ihm die Treue hielten, schloß er in der Constaffel zusammen und gewährte ihnen bedeutende Vorrechte. Die Constaffler verkörperten das alte Ritterelement und bildeten die Kavallerie, die ihn persönlich zu beschützen hatte. Nur diese Edelleute hatten das Recht der Jagd. Ihr Jagdhund, der Rüde, wurde zum Banner-, Zunft- und Haussymbol, wie es heute über dem Zunfthauseingang prangt.

Im Haus »Zum Rüden« hat sich viel Mittelalterliches erhalten. Einzigartig ist das auf beiden Längsseiten vorkragende zweite Obergeschoß in Fachwerkbau. Als Zeichen der Wehrhaftigkeit wurde es als Stilelement von den Pechnasen der Stadttore übernommen. Im Innern verdient vor allem die gewölbte spätgoti-

Das Zunfthaus »Zum Rüden«, Zeichnung von Carl Hardmeier aus dem Jahr 1909.

sche Balkendecke des Gästesaals im ersten Obergeschoß Bewunderung: originales Zeugnis einstiger Zimmermannskunst. An die Prachtentfaltung des absolutistischen 18. Jahrhunderts erinnert die Stuckdecke des Zunftsaales im zweiten Obergeschoß sowie das liebenswürdige Rokokostübchen mit Turmofen und einzigartigem Blick auf die Limmat und das gegenüberliegende Ufer mit dem Palais der »Meisen« und dem Fraumünster.

Der »Rüden« stand als ältestes Zunfthaus bis zur Aufschüttung des Limmatquais 1836 direkt am Wasser und überragte alle Nachbarn. Doch auch die etwas zöpfischen Constaffler hatten in der Franzosenzeit Haare lassen müssen. Das erste Obergeschoß wurde Amtsstube und Bürgerbibliothek. Erst nach einer sorgfältigen Restaurierung von 1936/37 wurde das Haus den angestammten Besitzern wieder übergeben, und der Bau erhielt seine reinen gotischen Formen zurück.

Als Herrin ihres rund 650jährigen Gesellschaftshauses ist die Constaffel zu Recht stolz auf ihr großartiges Repräsentationsgebäude, was sich auch in der gepflegten Menükarte und der aufmerksamen Wartung ihres Restaurantbetriebes ausdrückt: Adel verpflichtet!

Der mittelalterliche »Rüden«, um 1898.

Blick vom Münsterhof auf das Zunfthaus »Zur Meisen«. Zeichnung von G. Leiser.

ZUNFTHAUS ZUR MEISEN

Münsterhof 20

Bei der Aufteilung der Handwerker im 14. Jahrhundert in zwölf Zünfte wurden die Weinschenken, Weinausrufer und Weinfuhrleute zur Weinleuthen-Zunft zusammengefaßt. Ihr kam in der Geschichte der Herbergen und Gasthäuser eine entscheidende Bedeutung zu, denn ihr Zunftmeister beantragte im Rat die Erteilung von Tavernenrechten, also von Wirtschaftspatenten. Ein Wirt mußte ein ehrenhafter Mann seines Faches sein und Gewähr geben, weder Wein zu pantschen noch sonst irgendwelche Betrügereien zum Schaden der

Gäste zu begehen. So kam es, daß die meisten renommierten Gasthäuser von eigenen Zünftern betreut wurden. Die besten saßen im Kleinen Rat. Dieser regelte zusammen mit den Zunftherren den streng begrenzten Weinimport und prüfte die Qualität.

1449 kauften die Weinleute das Haus der Familie von Meiss an der unteren Marktgasse, das den Hausnamen »Zur Meise« trug. Mit dem Kauf übernahmen sie auch das Hauszeichen in ihr Wappen. Die Familie von Meiss war ein hochangesehenes Geschlecht, das sich im übrigen aus der Zeit vor der Zunftrevolution 1336 als einziges bis heute erhalten hat. Als die Meisenzünftler im 18. Jahrhundert an schönster Stelle der Stadt ein großartiges neues Zunfthaus bauen ließen, nahmen sie auch den nun längst vertrauten Namen mit.

Blick zum Münsterhof, um 1885. Rechts das Zunfthaus »Zur Meisen«, im Hintergrund das Zunfthaus »Zur Waag«.

Baumeister des neuen Zunfthauses »Zur Meisen« am Münsterhof, dem damals größten und präsentabelsten Platz, war der bedeutendste Architekt seiner Zeit, David Morf. Er führte in Zürich den französischen Barockstil ein und brachte ihn im Rokoko zur feinsten Vollendung. Der Bau des »Meisen«-Zunfthauses in der Art eines Rokokopalais mit Mansar-

dendach und einem Ehrenhof zwischen den beiden Gebäudeflügeln dauerte fünf Jahre bis 1757 und wurde vom Publikum sogleich als äußerst geschmacklos abgelehnt.

Der weltfremde Konservatismus der Zürcher trieb damals seine größten Blüten. Es waren schließlich Ausländer, die den Zürchern die Augen öffneten. Kein Reisehandbuch von

Zschokke bis Baedeker kam ohne größtes Lob für die »Meisen« aus, wobei auch die kulinarischen Aspekte und die exquisiten Weine hervorgehoben wurden. So drang auch in Limmat-Athen langsam die Ansicht durch, daß die »Meisen« der Stadt zu höchster Ehre gereiche. Der Basler Kunsthistoriker Heinrich Wölfflin, der 1933 ein Essay »Zürich, die alte Stadt«

veröffentlichte, brachte dem Haus schließlich seine ungeschmälerte Sympathie entgegen: »Den Vogel hat die Zunft zur Meisen abgeschossen, indem sie aus bevorzugter Lage ein großes Herrschaftshaus mit vergittertem Ehrenhof nach französischem Muster ausführen ließ, ganz in Quader, ein nicht nur prächtiges, sondern ausgenommen vornehmes Haus, dem kein einziger Privatbau sich hätte zur Seite stellen können.« Leider hat der Bau der erhöhten Münsterbrücke um 1837 das Haus auf seiner zierlichsten Seite etwas im Boden versinken lassen, aber dieser Fehler tut der Schönheit der ganzen Anlage keinen Abbruch. Bemerkenswert sind die schmiedeeisernen Balkongeländer und das große, nach außen gewölbte Portal, im Innern der große Zunftsaal im ersten Stockwerk mit mächtigem, weiß und blau bemaltem Ofen.

Seit Beginn des 19. Jahrhunderts, als die Omnipotenz der Zünfte gebrochen war, speiste und trank in der »Meisen« Zürichs vornehmste Gesellschaft. Im Mittelpunkt eines kleinen Stammtisches hinter dem großen Turmofen präsidierte der alternde Dichter und zurückgetretene Staatsschreiber Gottfried Keller. Er hatte sich aufs Land zurückgezogen, doch zwei- oder dreimal in der Woche trippelte er auf seinen kurzen »Gehwerkzeugen« in die Stadt zu Burgunder, Bordeaux und Champagner. Er war oft recht mürrisch, aber bei guter Laune ein großartiger Erzähler, dem die Universitätsprofessoren und Zürichs bedeutendste Künstler abendelang zuhören konnten. Am 27. August 1875 schrieb Keller seinem Wiener Freund Professor Exner: »Hier in Zürich ist jetzt ein hübsches Café auf der ›Meisen‹ mit dem schönen Barockbalkon, da sitzen wir in den schönen Sälen und trinken! Öfter als nötig! Vor allem am Samstagabend oder Sonntag sauf' ich für sieben Mann und provozier' die besten Weine«. Hier an seinem Stammtisch

Turmofen aus dem Jahr 1757 von Leonhard Locher im Zunfthaus »Zur Meisen«.

Zunfthaus »Zur Meisen«, 1919.

lernte er seinen Altersfreund, den Maler Arnold Böcklin kennen, hier fühlte er sich wohl, bis er sich von seinem späteren Biographen bedrängt fühlte und das Lokal wechselte: »Der zählt mir noch meine Räusche nach!«

Heute ist das Haus als Museum zu besichtigen. Besonders bemerkenswert ist die große Sammlung aus der Zürcher Porzellanmanufaktur »Schooren«, die im ausgehenden 18. Jahrhundert vom Künstler Salomon Geßner gegründet wurde. Das Restaurant »Zur Meisen« ist als Gaststätte nicht mehr in Dauerbetrieb. Doch die vielen festlichen Säle samt den hervorragenden Köchen können für Bälle, Hochzeitsfeiern, Jubiläen usw. gemietet werden. Auch besonderen Empfängen des in nächster Nähe amtierenden Stadtpräsidenten und seiner Ratskollegen verleiht die »Meisen« ihren vornehmen Glanz. Nicht vergessen sei an dieser Stelle eine Marmortafel, die vor dem großen Schmiedeeisentor im Boden eingelassen ist: »Hier sprach Winston Churchill vor einer tausendfachen Menge am 19. September 1946 sein berühmtes Wort: ›Europe arise!‹« Er initiierte damit den Zusammenschluß Europas zu einem friedlichen, vereinten Kontinent.

Blick von der Münsterbrücke auf die Fassade des Zunfthauses gegen die Limmat.

Das Zunfthaus »Zur Saffran«, um 1930, nun als »Café-Restaurant«.

ZUNFTHAUS ZUR SAFFRAN

Limmatquai 54

In Zürichs Zünften ging es gelegentlich zu wie in den politischen Parteien unserer Tage. Zwar hatte man ein gemeinschaftliches, gewerbepolitisches Ziel, aber persönlicher Ehrgeiz, Intrigen und Karrieredenken einzelner beherrschten nicht selten das Feld. Doch zwischen internen Zwisten und Zwietrachten stand stets das gemeinsame Streben um Achtung und Ansehen nach außen. Welche Zunft war die wichtigste und wohlhabendste in der Stadt? Bedeutendster Prestigegegenstand war das Zunfthaus. Größe, Kunstfertigkeit, Reichtum in der Ausstattung und natürlich die prominente Lage standen im Vordergrund: »Macht und Pracht hat große Acht!«

Jede Zunft hatte den Ehrgeiz, ihr Haus möglichst nahe beim Rathaus zu plazieren. Diesen Wettlauf entschieden die Krämer (en gros et en détail) für sich. Ihr Zunfthaus steht als architektonisches Pendant dem Rathaus grad gegenüber, unmittelbar bei und über den »Bögen«, unter denen die Reichsstraße durchführte. Das Hauszeichen und Zunftemblem zeigt zwei stilisierte, gekreuzte Lilien und erinnert an die reichgewordenen Gewürzkrämer, da das einst mit Gold aufgewogene Safran aus einer Krokusart der Schwertlilienfamilie gewonnen wird.

Denkwürdigster Zünftler war der aus Bayern stammende Christoffel Froschauer, gestorben 1564, Zürichs berühmtester Buchdrucker, der seinen Gesellen in der Fastenzeit Würste auftischte. Der darüber entbrannte Streit mit dem Bischof von Konstanz löste die Zürcher Reformation aus. Sein Neffe, Geschäfts- und Zunftnachfolger gleichen Namens, druckte 1576 den ersten genau vermessenen Stadtplan seines Zunftgenossen Jos Murer, von dem ein koloriertes Exemplar im Entrée des Zunfthauses

Am Limmatquai, um 1780. Rechts das Rathaus, links das »Saffran«, im Hintergrund der »Rüden«.

hängt: die spätmittelalterliche Stadt, »die viel Ruhm und Schönheit hat«.

Erstmals erwähnt ist das Haus »Zur Saffran« anno 1425. Der heutige Bau von 1719–23 – er steht auf den Fundamenten zweier Vorgänger – wurde dem vornehmen Renaissancestil des 1699 eingeweihten Rathauses angepaßt: stren-

ge Horizontalgliederung und Zusammenordnung gleichwertiger Teile als Symbol der gleichberechtigten einzelnen in der Gesamtheit der demokratischen Stadt. So wenigstens sahen es die Zünfte; in Tat und Wahrheit entwickelte sich gerade damals ein Klassen- und Kastendenken, das am Ende des Jahrhun-

derts den französischen Forderungen nach Liberté und Egalité nicht mehr standhielt und der omnipotenten Zunftherrschaft ein Ende setzte.

Bis zu diesem Zeitpunkt standen die Zunftstuben nur den Zünften und ihren Gästen offen, und mancher einfache Zürcher hatte ein

Zunfthaus nie von innen gesehen, wo die ganze Zunftherrlichkeit erst richtig zum Ausdruck kam. Erst nach der Gleichberechtigung aller Bürger, die in Zürich nach 1830 proklamiert wurde, entstanden aus den Zunfthäusern gehobene Speisewirtschaften.

Auch tagsüber zum Treffpunkt der Haute volée wurde das »Saffran« durch den Gastwirt Johannes Stucki, der um 1840 im Haus das »Café du Commerce« einrichtete und den Handels-, Rats- und Seidenherren mit den neuesten Zeitungen aufwartete. Das »Commerce« galt als Wiener Café, obwohl der Wirt, wie die meisten seiner Gäste, noch nie außer Landes gekommen war. Nach seinem frühen Tod reiste die Witwe Regula Stucki selber in die Kaiserstadt, um das Café möglichst stilgerecht ausstaffieren zu können. Ihre Stammgäste freuten sich auf ihre baldige Wiederkehr, aber sie hatten die Rechnung ohne die Wirtin gemacht. Ihr gefiel das Leben als lustige Witwe an der schönen blauen Donau so ausnehmend gut, daß sie ihre »Commerce«-Gäste immer wieder vertröstete, bis diese im »Tagblatt« von ihrem Ableben erfuhren. Ihr Name stand im Dezember 1881 nach dem Großbrand des Wiener Ringtheaters auf der Vermißtenliste. Einer ihrer Gäste war der Dichter Gottfried Keller gewesen. Als er von der Katastrophe erfuhr, schrieb er in einem Brief, die Witwe Stucki sei zwar klein und häßlich gewesen, aber sehr beliebt und voll von tausend Späßen, was bei Wirtswitwen doch selten sei.

Das »Saffran« ist heute wie vor Jahrhunderten ein renommiertes Haus im Stile der traditionsreichen, architektonisch und gastronomisch gepflegten Zunftstuben. Zur hervorragenden Passantenlage kommen ein festliches Interieur und eine aufmerksame Bedienung mit besten Provenienzen aus Küche und Keller, wobei Zürcher Spezialitäten zum Stolz des Hauses gehören.

Hauszeichen der »Schmiden«.

ZUNFTHAUS ZUR SCHMIDEN

Marktgasse 20/Ecke Rindermarkt

1373 hieß die Häusergruppe »Zum goldenen Horn«, was die Schmiden-Zunft kürzlich auf einem neugeschmiedeten, historisch wirkenden Wirtshausschild in die Marktgasse hinaus kundtat. 1412 ging der Komplex des Stadtschreibers Conrad Widmer für 210 Goldgulden in den Besitz der »nüw und alt Zunftmeister des Smithhandwerks« über, und diese haben für ihr großes Zunfthaus weder Mühe noch Kosten gescheut. Die markante Lage an der Marktecke bei der malerischen Stüssihofstatt gab dem Haus von Anfang an Ansehen und städtebauliches Gewicht. Doch es ist schwierig, die ganze Baugeschichte zurückzublättern. Erst anno 1520 entstand im zweiten Obergeschoß das Prunkstück des Hauses, der große Zunftsaal, der heute als einzigartiges mittelalterliches Kunstdenkmal gilt: Ein geschützter Bilderbogen apokalyptischen Aberglaubens füllt die ganze Decke. Die Rautenfiguration mit 28 polygonalen Medaillons zeigt anthropomorphe Reliefs des Hans Küng, nach Holzschnitten aus Schedels Nürnberger Welt-

Der Zunftsaal der »Schmiden« mit historischer Kassettendecke.

Im Zunftsaal der »Schmiden«.

chronik von 1493. Dazu kommt eine ganze Reihe von Wappenscheiben zürcherischer Glaskünstler, die damals führend waren. Der kleine, aber immer noch geräumige Saal für die Tagesgäste im ersten Stock repräsentiert das frühe 18. Jahrhundert mit Türschmuck und Turmofen.

Im 19. Jahrhundert beherbergte das Haus auch ein vielbesuchtes Café, in dem Gottfried Keller, der in der Nachbarschaft am Rindermarkt wohnte, oft zu Gast war und die Tageszeitungen verschlang. 1876 schuf er für eine Zunftbecherweihe der Schmiede sein kleines Festspiel »Die Johannisnacht«, eine dialogi-

sche Szenenreihe aus der Geschichte Zürichs und seiner Schmiede.

Als besonders schönes Gasthaus genießt die »Schmiden« heute großes Ansehen. »Zünftig«, das heißt nach altem Meisterbrauch, ist auch die Bewirtung als Ausdruck einer bald 500jährigen Tradition.

Der Zunftsaal der »Schmiden«.

Zunfthaus »Zur Schmiden« an der Stüssihofstatt, Ecke Marktgasse/Rindermarkt, um 1925.

Zunfthaus »Zur Zimmerleuten«, dahinter das Großmünster.

ZUNFTHAUS
ZUR ZIMMERLEUTEN

Limmatquai 40

Zürichs Zunfthäuser, seit Jahrhunderten mit großem Aufwand gehegt und gepflegt, sind stolze Schmuckstücke der Altstadt, hervorragende Repräsentationsbauten vom Mittelalter bis zum französischen Palais des 18. Jahrhunderts. So ist jedes anders, nicht zwei sind sich ähnlich. Denn jede Zunft wollte die andere überbieten, was unter den streng ausgesuchten Zunftwirten heute noch gilt. Jeder hätte gerne

Am Limmatquai, um 1883. Links das Rathaus, rechts die Zunfthäuser »Zimmerleuten« und »Rüden«.

anspruchsvolle Hochzeitsgesellschaften, Familienfeiern, prominente Anlässe und möglichst viele Feinschmecker in seinem renommierten Haus. Dieser gastronomische Wettstreit kommt auch dem Gelegenheitsgast zugute. Nirgends wird mit papiernen Rebranken, urigen Bierfaßhockern und deftigen Kellnerinnen trinkselige Keller- und Kelter-Romantik vorgegaukelt. Jedes Zunfthaus zeigt gehobenen Stil, einen Reichtum an kunstvollen, handwerklichen Details und dient noch immer seiner Zunft zu festlichen Gelagen mit eigenen Spezialitäten und dem hauseigenen Zunftwein von ausgesuchter Provenienz: spritziger Weißwein oder fruchtiger Roter, beide mit Zunftetikett.

Als sich die Zimmerleute im 15. Jahrhundert mit den Maurern und Steinmetzen zusammentaten, wußten alle drei, was sie ihrem Ruf und Beruf schuldig waren: ein Zunfthaus von auffallender Schönheit als Zeichen ihrer Reputation. Ihr Zunfthaus am mittleren Limmatquai, ein Bau von lebendiger Anmut, ist aus heutiger Sicht neben dem »Rüden« das fotogenste, und

kein Knipser mit offenen Augen läßt sich dieses Kleinod entgehen: Eine durchkomponierte Schaufassade zeigt den ganzen Geist der damaligen Zeit: Kunstsinn und Stolz einer Handwerkerstadt, die noch im gleichen 18. Jahrhundert »Limmat-Athen« und der »Musen Sitz und Thron« werden sollte. Klopstock, Wieland und Goethe pilgerten nach Zürich und fanden die Stadt »unique in der Welt«.

Als die Zunft der Zimmerleute im 15. Jahrhundert ihr Haus bezog, war es noch ein mittelalterlicher Holzbau mit dem Namen »Roter Adler«, der in der Folge ihr Wappentier abgab. Weithin sichtbares Kennzeichen war schon damals ein Mittelerker, doch im Innern waren die Räume unpraktisch angeordnet, und zu Ende des 17. Jahrhunderts erwies sich das ganze Haus als morsch und baufällig. So entschlossen sich die Zünftler 1708 zu einem Steinbau, in den sie ihr ganzes Können investierten, damit »erstmals ein Zunfthaus ganz mit den Mitteln klassischer Architektur durchstudiert sei«.

Aber gerade dies traf nicht zu. Wohl galt der einfache, die Waagrechte betonende Baukörper des 1699 eingeweihten Renaissance-Rathauses als Vorbild, aber gotische Elemente dominieren noch immer. Vor allem im polygonen Erker mit seinen scharfen Kanten, dem kanzelähnlichen Bodenabschluß, dem großen Hauszeichen und dem Spitzhelm, dessen Betonung der gotischen, himmelstrebenden Vertikalen unverkennbar ist. Modern war das Erdgeschoß als kräftiger Sockel, der sich in zwei Bögen über die einstige Reichsstraße wölbt.

So stilvoll und beinahe zierlich wie die Schaufassade ist auch das Innere gestaltet. Im Restaurant im ersten Stockwerk ist die gut stilisierte Pfeilerornamentik bewundernswert. Im darüberliegenden großen Zunftsaal tragen freistehende Säulen die Decke mit konzentrischen Schmuckfeldern, die Türe mit vornehmeinfachen Barockformen trägt zur festlichen Ambiance bei.

Zum Augenschmaus kommt die Gaumenfreude: Erbauliches, Beschauliches und Verdauliches aus Küche und Keller.

Dieselbe Ansicht des Limmatquais wie auf der vorigen Fotografie 35 Jahre später, um 1918.

Zunfthaus »Zur Waag«, 1909.

ZUNFTHAUS ZUR WAAG

Münsterhof 8/Ecke Waaggasse

Zürich besitzt als Grundstock seiner Architektur einen hervorragend schönen Haustyp: wohlproportionierte, weißgeputzte Hauswürfel mit klaren, offenen Giebeldächern, behäbig breit, doch nicht schwerfällig. Die Bürgerhäuser sind in der Regel völlig ornamentlos, regelmäßig im Ganzen, aber ohne starre oder gar pathetische Symmetrie. Die zahlreichen Fenster mit zumeist grünen Fensterläden schließen sich zu waagrechten Streifen zusammen. Einziger Schmuck sind Blumen auf den wenig vorspringenden Fenstergesimsen und das in die Fassadenmitte gestellte, durch einfache Bildhauerarbeit betonte Portal. Dieser Haus-

Im Restaurant »Zunfthaus Waag«, um 1935.

typ ist sozusagen die veredelte Form des Weinbauernhauses der Zürichseedörfer.

Klassische Verkörperung dieses schlichten Prinzips ist das Zunfthaus der Woll- und Leinenweber am Münsterhof, dem Fraumünster gegenüber. Den Namen »Zur Waag« hat es von einem Arzt und Apotheker, der hier im frühen 14. Jahrhundert als Firmenschild eine Waage vor die Haustüre hängte. Ursprünglich bestand das Haus aus zwei Gebäuden, der

»Waag«, welches die Weber 1385 kauften, und dem sich rechts anschließenden »Geilen Münch«.

Über diesen weibersüchtigen Ordensbruder wird gelegentlich gelacht, aber zu Unrecht, denn »geil« stammt von »gelb« und bezeichnete die Haarfarbe, da die deutsche Sprache kein eigenes Wort für das aus dem Französisch stammende »blond« besitzt. Der 1636/37 entstandene Bau wird ausschließlich von dem stattlichen Portal mit gesprengtem Giebel und dem Hauszeichen, das zum Zunftwappen wurde, geschmückt.

Um so stattlicher ist das Innere. Das helle, stets festlich eingedeckte Restaurant im ersten Stock ist ein ansprechender Raum mit hellgrünlich getönter Wandtäfelung und eleganten Deckenleuchten, im zweiten Stock liegt der einfach getäfelte kleine Saal und daneben das schmucke, vertäfelte »Waagstübli«. Der große Zunftsaal nimmt die ganze Vorderfront des dritten Stockwerkes ein. Er ist das Glanzstück des Zunfthauses: Die schöne Kassettendecke, ein Werk bester Schreinerkunst, die spätgotischen Fensterumrahmungen, die farbigen Wappenscheiben und der klassizistische Kaminbau verleihen dem Raum eine wohltuende Wärme.

Serviert wird auf Tellern mit der Randinschrift »Freut euch des Lebens«. Sie erinnert an den Verfasser dieses weltbekannten Gesellschaftsliedes des Biedermeiers, Johann Martin Usteri, Kaufmann, Dichter und Maler, der in der lebensfrohen »Waag« ein besonders liebenswürdiger Zunftherr war.

Bedeutende Bürgerversammlungen sowie beschwingte Gesellschaftsanlässe und Unternehmungen des Gemeinwohls fanden von jeher in der »Waag« statt, so 1884 die Gründung des heutigen »Zürcher Verkehrsvereins«. Die vornehme, typisch zürcherische Atmosphäre in den lichten Räumen und die perfekte Bewirtung scheint sich auf Neugründungen, Jubiläen und Aktivitäten besonders erfolgverheißend auszuwirken.

Das barocke Portal der »Waag« aus dem Jahr 1336 mit Zunftwappen.

Zunfthaus »Zur Waag«, 1919.

An der Stüssihofstatt. Im Vordergrund der Stüssibrunnen von 1574, rechts die Bierhalle »Franziskaner«, links das einstige Hotel Garni »Stüssihof«, im Hintergrund mit Erker das Zunfthaus der Schneider »Zum Königstuhl«, um 1908.

ZUNFTHAUS ZUM KÖNIGSTUHL

Stüssihofstatt 3

Woher das Zunfthaus der Schneider seinen majestätischen Namen hat, wissen weder die Zünftler noch die Historiker. Weil darin oft Könige tafelten, argumentieren unkritische Stadtführer, was aber nirgends bezeugt ist.

Sicher ist, daß das Haus in der engen Gasse einst der vornehmen Familie der Stüssi gehörte. Leitfigur war der ehrgeizige Bürgermeister Rudolf Stüssi, der am Alten Zürichkrieg gegen die übrige Eidgenossenschaft die Hauptschuld

Das Zunfthaus »Zum Königstuhl« mit dem typischen Erker der Familie Stüssi aus dem frühen 15. Jahrhundert.

Zunftsaal mit antikem Freskenzyklus im Zunfthaus der Schneider »Zum Königstuhl«.

trug und dabei 1443 umkam, als er die Zürcher auf der Flucht vor den Feinden beim Stadttor an der Sihl aufhalten wollte.

Von 1538 an besaßen die Schneider im Haus »Zum gelben Schaf« an der Schifflände einen großen Zunftsaal, den sie aber 1798 unter dem Druck der französischen Stadtbesetzer verkaufen mußten, wonach sie von Haus zu Haus zogen. 1938 gelang es ihnen, das Stüssi-Haus zu kaufen, das mit seinem stolzen Erker aber mehr vorstellte, als es war: eine recht morsche Bude, der außer ihrer zentralen Lage in der rechtsufrigen Altstadt nicht viel Kredit gegeben wurde. 1938/39 ließen die Schneider das Haus vollständig abbrechen und samt dem

Erker nach alten Vorstellungen wieder auf-richten. Dabei traten – wer hätte das angenom-men? – unter der Wandtäfelung im zweiten Obergeschoß, das heute den großen Zunftsaal enthält, hervorragende Wandmalereien zutage, die um 1430 vermutlich die Hauskapelle der Stüssi schmückten: die Anbetung der Heiligen drei Könige, gefolgt von den Zürcher Stadthei-ligen und neun weiteren Figuren aus der Kir-chengeschichte. Gegen genaue Kopien, die heute den Zunftsaal schmücken, wurden die Friese vom Landesmuseum abgelöst und dan-kend in Verwahrung genommen.

Das Zunfthaus wurde seither mehrmals renoviert und gilt seit der Neukonzeption 1989/90 als Vorbild für »wirtuose« Gastro-nomie.

Zunfthaus »Zum Widder«, um 1790.

Zunfthaus Zum Widder

Rennweg 1/Ecke Widdergasse

Auch Häuser haben ihr Schicksal, wechselhaft und launisch wie das Geschick des einstigen und künftigen Metzger-Zunfthauses »Zum Widder«. Das alte haben selbst sachkundige Zürcher längst vergessen, und von seiner Auf-erstehung nach 200 Jahren wissen sie kaum noch etwas. Ja, wenn es so weit sein wird, erinnert man sich wohl der biblischen Ge-schichte vom verlorenen Sohn. Möglich, daß dann auch ein Ochse geschlachtet wird, denn die Metzger wissen, was sich an einem solchen Festtag geziemt.

Die 1336 entstandenen Handwerker-Zünfte orientierten ihre Gesellschaftshäuser nach dem Rathaus und dem Markt, den beiden Polen ihrer kleinbürgerlichen Weltordnung. Einzi-ger Außenseiter war die Trinkstube der Metz-gerinnung. Sie lag etwas außerhalb des eigent-lichen Stadtkerns am Anfang des Rennwegs, den schon die Römer als schnelle Ausfallstraße zu ihrem Heerlager in Windisch angelegt hat-ten. Im 12. Jahrhundert wurde das Rennweg-viertel von den Zähringern als eine kleine Handwerkervorstadt gebaut: Die Straßen et-was breiter, damit die Schreiner, Tischler und Zimmerleute mit ihren sperrigen Hölzern bes-ser zuwege kamen. Die Hauptschar aber bilde-ten die Schlächter, die Wurster und Kuttler, deren blutiges Gewerbe in der engen, winkeli-gen Wohnstadt nicht gerne gesehen war.

Daß sich die etwas isolierten Metzger nun auch ganz bewußt draußen in der Vorstadt ihr Zunfthaus bauten, scheint nur logisch zu sein und keines weiteren Kommentars zu bedürfen. Aber dem war nicht so. Das Haus fiel ihnen zu, und auch der Hausname »Widder« entsprang nicht ihrem eigenen Wunsch nach einem he-raldischen Zunftemblem: Jüngste Aktenfor-schungen stießen auf einen Eintrag im Steuer-register von 1352. Von des »H. Widers hus« ist da die Rede, die vermutlich jenen Schmiede-Zunftmeister Heinrich Wider betraf, der fast vierzig Jahre im Rat saß, 1393 aber wegen Opposition gegen die offizielle Stadtpolitik aus Ämtern und Ehren gestrichen wurde. Sein Nachfolger als Hausbesitzer war der Metzger-Zunftmeister und Ratsherr Ulrich Oehen, ein unbescholtener Mann, aber knapp bei Kasse. So verkaufte er 1401 die Liegenschaft seinen Zunftgenossen als »der Metzgern Trinkstube

Entartetes Zunfthaus »Widder« vor dem Neubau. Im Vordergrund der Amazonenbrunnen.

Blut und das Schlachtbeil zu ihrem Tagwerk gehörten. So gönnte ihnen jedermann den Einzug in ihr prachtvolles Gesellschaftshaus, und sie blieben fast 400 Jahre darin. Sie feierten ihre Feste, besprachen ihre Anliegen und die der Stadtpolitik, bewirteten Gesandte und Gäste, und an einer deftigen Schlachtplatte wird es kaum gefehlt haben.

Doch mit dem Einmarsch der französischen Revolutionsarmee nahm die Zunftherrlichkeit ein jähes Ende. Die Silbergeschirre wurden requiriert, die Ratssessel anderweitig besetzt. Letzter Bürgermeister des Ancien régime war der aufrechte, bereits über siebzigjährige Widder-Zünftler Heinrich Kilchsperger, der sich nun der fremden Gewalt beugen mußte. 1798 löste er den Rat auf und übergab alle Macht einer eben gebildeten Landeskommission. 1799 verkauften die durch Kontributionen verarmten Metzger ihr Haus der Munizipalität, die es alsbald an einen Privaten versilberte. Damit gehörte das Haus der »ehrbaren und unerschrockenen Metzgern« der Vergangenheit an.

Als die Franzosen endlich wieder abzogen, nahmen die Zünfte zwar ihre alten Funktionen teilweise wieder auf, aber zum Rückkauf ihres Zunfthauses fehlte den Metzgern das nötige Geld, und sie konnten nicht hoffen, jemals wieder dorthin zurückzukehren.

In den Händen gefühlloser Spekulanten mußte das Haus einige respektlose Umbauten über sich ergehen lassen, bis es in seiner Häßlichkeit nicht wiederzuerkennen war. Damit entschwand auch die Erinnerung. Einzig ein in Stein gehauener Widderkopf hoch oben an der Fassade gab den Passanten gelegentlich noch ein Rätsel auf. Vorübergehend wurde im »Widder« eine Weinstube, eine Speisewirtschaft und ein Café eingerichtet. 1884–87 führte die »Evangelische Gesellschaft zur Förderung des Reichs Gottes« eine Pension mit Restaurant und Café. Letzter Lichtblick war die vornehme »Widder-Bar«, stadtbekannt für ihre originalen Jazz-Konzerte, die bei einem

zu dem Widder am Rennweg«. Aus dem Familiennamen war ein Hausname und schließlich ein Zunftname geworden.

In der Reihe der zwölf Zünfte erfreute sich die Metzgerinnung einer besonderen Ehrerbietung, denn anno 1350, als die Stadt vom alten, gestürzten und geflohenen Ratsadel nächtens überfallen wurde, um die Zünfte wieder von den Ratssitzen zu verjagen, hatten sich die Metzger am mutigsten geschlagen, da

Bourbon-Whisky unmittelbaren Kontakt zwischen den Fans und den Interpreten ermöglichten. Doch es war eine Freude auf Zeit. Im Herbst 1989 packte der letzte schwarze Trompeter sein Instrument ein und verschwand auf Nimmerwiedersehen.

Kulturverlust, klagte die Presse, von langer Hand vorbereitet: Tatsächlich hatte eine Großbank – rotes Tuch für die kämpferische Linke – die Liegenschaft schon vor Jahren gekauft. Doch nicht nur das: Die Schweizerische Bankgesellschaft hatte einen großen Teil der Widdergasse und der nahen Augustinergasse in ihren Besitz gebracht. Die Gegner des großen Sanierungsprojektes gingen soweit, daß durch eine Volksabstimmung die insgesamt 17 Liegenschaften wieder enteignet und von der Stadt zu billigen Wohnungen umgebaut werden sollten. Doch dazu kam es nicht, die Steuerzahler wußten wohl, daß die Augustinergasse als Zürichs schönster Straßenzug hinter den Fassaden morsch, unhygienisch und unwohnlich war und die Stadtkasse dies alles nicht verkraften könnte.

Seither hat die Bank die Augustinergasse schon durchsaniert und als Schlußstein das Zunfthaus »Zum Widder« in Angriff genommen. Im Herbst 1993 soll der mit der Denkmalpflege ausgehandelte Umbau vollendet sein: ein schönes, gemütvolles Quartierhotel mit öffentlichem Sommergarten, Sitzungsräumen und unkonventionellen Gästezimmern, in denen die wiederentdeckten Bauzeugen aus Jahrhunderten dem Schmuck und der Ambiance dienen. Auch auf gastronomischer Seite – ohne astronomische Preise – soll alles aufs beste bestellt werden, vom Küchenchef bis zum Kellermeister. Natürlich kehrt auch die Metzger-Zunft nach 200 Jahren der Heimatlosigkeit in ihr historisches Stammlokal zurück. Ein festlicher, mit ihrem Zunftsilber und Fahnen und Erinnerungen geschmückter Zunftsaal erwartet sie, wobei dieser auch für Anlässe von Vereinen und Gesellschaften von nah und fern zur Verfügung steht.

HOTEL ZUM ROTEN SCHWERT

Weinplatz 10

Von Zürichs frühesten Gasthäusern besteht kaum eines mehr, längst eingegangen ist auch das Hotel »Zum roten Schwert«. Und doch lebt es immer noch, in der klassischen Literatur und in der Erinnerung vieler Zürcher, von denen es aber nur die ältesten als kleine Kinder noch in Funktion gesehen haben. Schon die »Gedenktafel aus Granitsplittern«, die 1938 wie ein Triumphbogen über dem einstigen Hoteleingang am Weinplatz angebracht worden war, stellt in der europäischen »Wirtschaftsgeschichte« ein Unikum dar: »In diesem Hause wohnten Goethe, Madame de Staël, Schlegel, Fichte, Uhland, Mozart, Liszt, Brahms...« Zwei Dutzend Berühmtheiten sind auf dem steinernen Gästebuch aufgeführt, als bescheidene Auswahl jener Kaiser und Könige, Dichter, Musiker, Geistesgrößen und Lebenskünstler, die hier ein- und ausgingen. Zwei Jahreszahlen markieren den Anfang und das Ende dieses Feenschlosses: 1406 – 1918. Über ein halbes Jahrtausend Geistesgeschichte und gehobene Gastlichkeit liegen dazwischen.

Die erst kürzlich veröffentlichte »Schwert«-Story ist ein faszinierendes Stück schweizerischer und europäischer Kultur- und Literaturgeschichte. Wer im 18. Jahrhundert den weltberühmten Prediger und Verfasser der »Physiognomischen Fragmente« Johann Caspar Lavater oder den liebenswürdigen Zeichner und Idyllendichter Salomon Geßner kennenlernen wollte, nahm im »Schwert« Quartier. Hier trafen sich Gott und die Welt.

Als Standesgasthaus des hochlöblichen Rates und der gemeinen Bürgerschaft wurden im »Schwert« die eidgenössischen Boten, die ausländischen Gesandten, Kaiser, Könige, Fürsten und Kardinäle »regaliert und vergesellschaftet«. Wenn »die Herren und Damen Cele-

britäten« durchs Stadttor einfuhren, böllerten die Geschütze, und die Bürgerschar stand bis zur Herberge Spalier, Schulter an Schulter mit Hellebarden und Musketen. Am folgenden Tag ging es auf Zürichs Kriegsschiff »Neptun« hinaus auf den See, wo der »Schwert«-Wirt die besten Weine aufstellte und die Fischerzunft mit ihren Schleppnetzen für frische Forellen sorgte.

Casanova beschrieb, wie er vom Wirt und dessen Sohn fürstlich bedient wurde, bevor er als Kellner um die Gunst einer schönen Solothurnerin buhlte. Der junge Philosoph Johann Gottlieb Fichte wirkte als Hauslehrer, bis er sich mit der Frau Wirtin wegen der Ungebärdigkeit ihrer Kinder überwarf. Goethe würdigte die Lage und den Geist des Hauses in seinen Tagebüchern und in »Dichtung und Wahrheit«. Im Séparée diskutierte er einen Abend lang mit dem Historiker Johannes von Müller, der ihn für die Idee eines Wilhelm-Tell-Epos begeisterte, worauf Goethe aus Zeitmangel den Stoff seinem Freund Schiller weiterempfahl.

Die bedeutendste Wirtefamilie waren die Otts, die das Haus seit 1621 sieben Generationen lang zu einem der ersten Etablissements in Europa machten. Es war vor allem der Rittmeister und Ratsherr Antoni Ott, dem von Goethe über Karl August von Weimar bis zum Königlichen Britannischen Hofrat Christoph Meiners höchstes Lob gezollt wurde: »Die Vortrefflichkeit, wie er seinen Gasthof führte und den Fremden aller Länder gegenüber Zürich repräsentierte, machte ihn gewissermaßen zu einer offiziösen Person, das ›Schwert‹ aber zu einer Zürcher Celebrität.«

Das Gebäude selber, aus vier verschiedenen Häusern zusammengebaut, war allerdings recht eng und umfaßte ein Labyrinth von Seitengängen und Verbindungstreppchen. In seiner besten Zeit zählte es über hundert Betten, wobei die hervorragende Küche, die selbstgekelterten Weine und der Charme des Hausherrn den mangelhaften Komfort über-

Hotel »Zum roten Schwert« im 18. Jahrhundert.

spielten. Unique war zudem die Lage an der bis 1837 einzigen befahrenen Brücke der Stadt. Ebenso wie das gegenüberliegende Rathaus auf Pfählen in die Limmat hinausgebaut, bot das »Schwert« den Gästen eine unvergleichliche Fernsicht auf den See und die schneebedeckten Alpenketten.

Doch mit dem großartigen »Hotel Baur«, dem ersten für diesen Zweck gebauten Haus, und der Eröffnung der Bahnhofstraße erwuchs dem »Schwert« eine erste gefährliche Konkurrenz. Die Familie Ott starb 1800 im männlichen Stamm aus, worauf es die Witwe verpachtete und dann verkaufte. Bald folgte Konkurs auf Konkurs. Einer der Pächter konnte das Haus nur gerade sieben Monate halten, da in Zürich 1884 – wie erwähnt – eine Typhusepidemie ausgebrochen war, die 63 Menschenleben forderte. Das erste Todesopfer war ein im »Schwert« abgestiegener Engländer.

Der letzte bedeutende »Schwert«-Wirt war ein Preuße namens Hubert Gölden. Er kaufte das Haus 1885 und machte es zur Absteige für vornehme Deutsche. Vor allem der preußische Adel und hohe Offiziere kehrten bei ihm ein. Doch im Herbst 1914, mit dem Beginn des Ersten Weltkrieges, versiegte auch diese Einnahmequelle. Im Frühling 1918 – Gölden war bereits 75 Jahre alt – verkaufte er das Haus an den Kanton Zürich, der darin für 20 Jahre sein

Steueramt, genannt »Staatsschwert« und »Steuertrotte«, errichtete. Stefan Zweig, der davon hörte, schrieb in der Basler »Nationalen Zeitung« seinen »Nekrolog auf ein Hotel«, in dem er unter der Devise »Erst der Verlust erweist den wahren Wert« auf seine Zeit im »Schwert« zurückkam:

»Freilich: Man wohnte nicht nur um jenes Fluidums willen dort, ganz, ganz gewiß nicht. Sondern, weil dies verstorbene Hotel, in einer ganz besonderen Weise schön und wohnsam war. Nach altvörderischer Gasthofart hielt nicht ein Chef de réception, sondern der Besitzer selbst die Führung in Händen; es war immer rührend, den weißhaarigen freundlichen Herrn Gölden mit seinem Käppchen von Tisch zu Tisch gehen zu sehen, seine Frau, seine Tochter, sein Sohn wirkten tätig zusammen, und so hatte man nicht das peinliche Gefühl der Fremdheit. Luxuriös war die Stätte nicht gerade, das alte Haus setzte allen Neuerungen der Technik einen geheimnisvollen inneren Widerstand entgegen, gleichsam als wehrte sich die Tradition gegen die neue Zeit: Der Ascenseur blieb gerne stecken, die Zentralheizung rasselte mehr, als sie heizte, und das Telefon blieb ein widerwilliger Fremdkörper in dem verjährten Gemäuer.

Aber wie schön war es doch in dem hellen Speisesaal, der sich mit prachtvollen schwarzen Holztüren auftat: Man meinte auf dem glasgedeckten Verdeck eines großen Dampfers zu sein, zur rechten, vor sich hin, hinter sich, Wasser, die Limmat und ferne der See mit den zarten Konturen der Berge. Auf der Gemüsebrücke leuchteten in scharfen Farben die Blumen, die Türme des Münsters grüßten herüber, unwillkürlich empfand man sich im Herzen der Stadt. Und das ist so wesentlich für einen Fremden, um die Kultur eines Ortes zu empfinden, daß man entweder aus dem Kern einer Gegend gleichsam den Sinn und Saft der Ansiedlung fühlt oder von außen, von einer Höhe die ganze Anlage mit dem Blicke umfaßt.

Blick vom »Schwert« auf die Gemüsebrücke. Rechts das Rathaus, links die Hauptwache, um 1895.

Gemüsebrücke mit dem Hotel »Zum roten Schwert« und der Kirche St. Peter, um 1915.

Vielleicht fühlen wir Fremde stärker das Zauberische, das nun verloren geht, wir, die wir nicht das Recht haben, Einspruch zu erheben, aber die ihrem Bedauern nicht wehren wollen mit dem einen kleinen Wort, das eigentlich ein Seufzer ist: Schade!«

Später übernahm die bekannte Firma »Samen-Mauser« das Haus, verblieb darin 50 Jahre lang. Am 1. April 1991 zog sie in die Marktgasse auf der Gegenseite der geschichtsträchtigen Brücke. Gerne hätte die neue Bauherrschaft darin wieder ein luxuriöses Hotel eingerichtet, fand aber weit und breit keinen Platz für eine Autogarage. So wird das gute, alte »Schwert« heute in ein kostspieliges Geschäftshaus umgebaut, allerdings unter der argusäugigen Aufsicht der städtischen Denkmalpflege, damit das traditionsreiche Haus wenigstens äußerlich etwas von seinem einstigen Ansehen bewahre.

Gemüsebrücke mit dem »Schwert«, um 1910.

Weinplatz mit »Storchen«-Bazar und Café-Confiserie, um 1935, vor dem Umbau zum heutigen Hotel »Storchen«.

HOTEL STORCHEN

Weinplatz/Storchengasse

Zürichs antikes Zentrum war der Weinplatz. Hier lag der römische Schiffshafen, in den Thermen erholten sich die Schiffleute und Legionäre von der langen, beschwerlichen Fahrt, im Zollhaus wurden die Amphoren gezählt und gewogen, die Waffen, Helme und Standarten für das Militärlager Vindonissa mit einer Transitmarke versehen. Rundum blühten Handel und Wandel. Kleine Händler und Handwerker priesen lauthals ihre Waren und Dienste an: Olivenöl, Falerner Wein, Gewürze, Limonen und Feigen, aber auch schillernde Gläser, Terracotta-Tafelgeschirr, ziselierter Silberschmuck und Götterstatuetten für den Hausaltar. Marktschreier waren angesehene Leute, viele selber über die Alpenpässe gekommen und kundig in mediterraner Kunst und Kultur.

Wann genau der Hafen eingeebnet wurde und auf Pfählen eine neue Brücke über die Limmat geschlagen wurde, ist noch zu wenig erforscht. Sicher ist aber, daß vom »Hotel Storchen«, das heute den Platz beherrscht, noch lange nichts zu sehen war. Hinter einer Häuserzeile versteckt, lag es im Mittelalter etwas flußaufwärts am Wasser, durch einen großen aufgemalten Storch vom anderen Ufer weither sichtbar.

So wenigstens präsentierte es sich auf Hans Leus großem farbigen Uferprospekt, der bis zur Reformation im Großmünster bei den Sarkophagen der Stadtheiligen Felix und Regula aufgestellt war. Dorthin eilten die Pilger zuerst, denn geistiges Brot ging ihnen vor Vesper und Nachtlager. Doch nach Almosen und Gebet stellte sich auch die Frage nach einem sauberen Strohsack. Hans Leu wußte das: Auf der Darstellung der beiden wichtigsten Gasthäuser, dem »Schwert« und dem »Storchen«, malte er weiße Leintücher, die zum Auslüften aus den Fenstern hingen: Hier ist auch ein frisches ordentliches Bett zu finden. Zürichs Verkehrsverein ist ihm bis heute einen Orden schuldig geblieben...

Als Gasthaus wurde der »Storchen« anno 1477 erstmals aktenkundig, und zwar durch einen kleinen Wirtestreit, der – eigentlich längst verjährt und vergessen – in jene wilde Staatskrise ausartete, wie sie die Stadt seit 250 Jahren nicht mehr erlebt hatte: Der »Schwert«-Wirt klagte den »Storchen«-Wirt Clewy Has an, dieser habe Einsiedeln-Pilger, die auf sein Haus zuritten, abgefangen und versucht, sie zu sich hinüberzuziehen, was seit langem verboten sei. Dabei pochte er auf eine Ratserkenntnis von 1402: »Die Wirte sollen keinem Gast nachgehen, noch Boten nachsenden, daß er die Gäste zu ihm ziehe. Wohl mag er unter seiner Türe stehen und da einen Gast mit Bescheidenheit in sein Haus fordern, bis zu einem Pfund Pfennig Buße.«

Clewy Has mochte zwar vorbringen, gegenüber dem »Schwert« sei er im Nachteil, da Fremde, die vom Rennweg herkämen, weder sein Haus noch ihn unter der Türe sehen könnten. Anderseits ärgerte sich der »Schwert«-Wirt, daß der Has durch sein leutseliges Wesen bereits viele angesehene Innerschweizer als Freunde gewonnen habe, was aber nicht christlicher Gastfreundlichkeit, sondern reiner Profitgier entspringe. Kurz, der Konkurrenzneid schwelte weiter und war auch durch verschiedenes Zureden nicht zu löschen. Zum lodernden Feuer entbrannte die Sache, als im Herbst 1487 der Luzerner Söldnerführer Frischhans Theiling bei Clewy Has abstieg, um im Schutze der Marktfreiheit auf der Messe Tuch zu kaufen. Theiling war ein Konkurrent des Zürcher Bürgers Hans Waldmann, der den ganzen eidgenössischen Söldnerhandel in seine Hand bekommen wollte. Theiling hatte ihn öffentlich einen Menschenhändler genannt, was nach damaligem Recht eine Majestätsbeleidigung war und vor das Luzerner Gericht gehörte. Doch Waldmann fackelte nicht lange, ließ den Gegenspieler durch seinen Leibwächter vor der Türe des »Storchen« festnehmen und nach kurzem Prozeß hinrichten. Clewy Has sann auf Rache. Zwei Jahre darauf – das Volk begann wegen der Selbstherrlichkeit des Bürgermeisters hörbar zu murren – hatte Waldmann zu seinem Schutz die Luzerner Abgeordneten zu einer Unterredung ins »Schwert« bestellt. Als er wieder aus der Türe trat, eilte Clewy Has hinzu und erstach Waldmanns Leibwächter. Damit begann der Aufruhr gegen den Bürgermeister, der eine Woche darauf, am 6. April 1489, öffentlich hingerichtet wurde. Doch auch um Clewy Has war es geschehen, ein halbes Jahr später wurde der Hitzkopf enthauptet.

Offenbar tat diese Moritat dem Ruhm des Hauses keinen Abbruch. Im Gegenteil, das Hotel »Storchen« lief besser als zuvor, und mancher Gast, der heute im Lexikon steht, nahm damals hier Quartier: der Mystiker und Naturarzt Theophrastus Paracelsus, die Gesandten des Schwedenkönigs Gustav Adolf, der Bündner Politiker Jürg Jenatsch, der deutsche Dichter Grimmelshausen. Dazu kamen in- und ausländische Gesandte und Fürstlichkeiten aus aller Herren Länder, aber auch Pilger, Marktfahrer, Zahnbrecher, Wunderdoktoren, Quacksalber und allerlei lustiges Volk, zu denen offenbar die »30 Kabisschneider« gehörten, die auf der Herbstmesse Weißkohl in Sauerkraut verwandelten.

1897 ging die alte Gasthaus-Ära zu Ende, aus dem Hotel wurde ein »Bazar zum Storchen«, später ein Kaufhaus und das alkoholfreie Restaurant »Weinplatz«. 1938/39 wurde das Haus abgebrochen, wobei der Neubau auch die Häuserzeile direkt am Weinplatz einbezog. Erhalten geblieben ist die alte Kolonnade, die seither zum Gepräge des »Storchen« gehört. Die »Buvette« an der Ecke ist ein beliebtes Schnelltrefflokal. Bar und Banketträume verbinden Tradition mit moderner Ambiance. Gastronomisches Zentrum ist die »Rôtisserie«, die den Fischerleuten auch als Zunftsaal dient. Von der blumengeschmückten Limmat-Terrasse blickt man auf den hauseigenen »venezianischen« Schiffssteg, an dem regelmäßig die Kursboote der Limmat-Schifffahrt anlegen.

FRANZISKANER

Stüssihofstatt 1

Im Haus »Franziskaner« befand sich 1885 ein übel beleumundetes Annoncenbureau.

Kaum ein Restaurant darf sich einer so ausgezeichneten historischen und städtebaulichen Lage erfreuen wie der »Franziskaner« an der malerischen Stüssihofstatt. Doch der Schein trügt in mancherlei Hinsicht: Das Haus steht weder mit einem der Franziskaner-Klöster in näherer Beziehung, noch ist das Alter des bekannten Gasthauses so ehrwürdig, wie es aussieht.

Erwähnt ist das Haus »Zum roten Kembel«, wie es während Jahrhunderten hieß, schon in Zürichs Steuerliste des Jahres 1357. In der ersten Hälfte des 15. Jahrhunderts gehörte es der Familie Stüssi, die auch das benachbarte Haus »Zum Königsstuhl« besaß. Ihr bedeutendster Vertreter war der erwähnte Rudolf Stüssi, der als um die Stadt besorgter Bürgermeister den Krieg Zürichs gegen die anderen, an sich verbündeten Eidgenossen angezettelt hatte und dafür 1443 in heldenmutiger Weise sein Leben opferte.

Eine weitere erwähnenswerte Epoche erlebte der »Kembel« im vorigen Jahrhundert, als er von 1833 bis 1875 der ältesten Zürcher Bank, Leu & Co., als erstes eigenes Bankgebäude diente. Anschließend wurde das Haus Geschäftssitz der Annoncen-Expedition Haasensteiner & Vogler, die aber in Verdacht stand, durch Inserate junge Zürcherinnen als Zimmermädchen für weniger ehrbare italienische Herrschaften anzuwerben.

1886 baute ein Ludwig Baumann das Anwesen in eine Münchner Bierhalle um, wobei er sich auf Franziskaner-Bräu spezialisierte. 1946 wurde das Haus in ein Hotel mit 45 Betten eingerichtet. Heute pflegt das Restaurant einen etwas nüchternen volkstümlichen Stil, erfreut sich aber wegen bescheidenen Preisen und einer guten Küche einer überdurchschnittlichen Frequenz.

Bierhalle »Franziskaner« am Eingang zum Niederdorf, um 1890.

Das Hotel »Zum Schwarzen Adler« nach der Renovation.

Zum
schwarzen Adler

Rosengasse 10/Ecke Niederdorfstraße

Das Haus »Zum Sattler« oder »Zum schwarzen Adler« wird schon 1316 als Wohnhaus im Niederdorf erwähnt. 1504 besaß und bewirtete es der Gastwirt Uli Müllibach. Der Adler als Hauszeichen erinnerte an das Wappen der Grafen von Zähringen, die bis 1218 die Stadt beherrschten und das nahe Spital »Zum heiligen Geist« am heutigen Zähringerplatz gegründet hatten. Das Spital war das größte in der ganzen Ostschweiz, bald durch allerlei Spenden so reich, daß selbst die Stadt bei ihm Darlehen aufnahm. Im »Adler« trafen sich Geistliche, Spitalpfleger und Räte der Stadt zu gemeinsamen Besprechungen. Dazu kamen vornehme Gäste, Handelsleute und viele Pilger, die nicht die Armenherbergen aufsuchen wollten.

Der »Adler« wurde zum vornehmsten Gasthaus des Niederdorfs. Seine Lage war hervorragend, denn bis in die zweite Hälfte des 19. Jahrhunderts war der untere Teil des Limmatquais noch nicht passierbar. Die Fuhrwerke und Kutschen rasselten auf der Reichsstraße zum Niederdorftor die Rosengasse herauf und schwenkten just vor dem »Adler« in die Niederdorfstraße ein. Was immer wieder zu reden gab, war das Fehlen eines Abstellplatzes für die Pferde und Fahrzeuge. Vor allem die anspruchsvollen Gäste des Hotels »Adler« pflegten mit Roß und Wagen anzukommen. Dabei führte die enge Stelle vor dem Wirtshaus zu allerlei Karambolagen. So wurde das der benachbarten Rosenapotheke vorgelagerte Waschhäuschen im 17. Jahrhundert abgebrochen, damit die Fuhrleute beim Einbiegen weniger Schwierigkeiten hatten. Doch der »Adler«-Wirt pflegte mit Vorliebe seine und seiner Gäste Kutschen auf dem gewonnenen Plätzchen abzustellen. Querelen blieben nicht aus. 1822 wurde der Apotheker J. J. Hottinger beim Rat vorstellig. Dieser entschied, der Herr Gastwirt Guyer habe vor dem Haus des Apothekers nichts zu suchen, insbesondere da dessen eigene Klientel diesen Platz auch gelegentlich in Anspruch nehme. Im übrigen sei das Plätzchen für den fahrenden, nicht für den stehenden Verkehr geschaffen worden. Eine Argumentation, die uns autofahrenden Zeitgenossen nur allzu verständlich ist.

Offenbar gelang es dem Wirt, das leidige Kutschenproblem doch zu lösen: Um 1840 heißt es, geräumige Stallungen und Remisen befänden sich im Hause. Wie und wo dieses kleine Wunder vollbracht wurde, ist allerdings nicht mehr zu eruieren. Zu dieser Zeit war der »Adler« im Besitz des ehemaligen Bierbrauers und nun Speisewirts und Metzgers Johann Koller, dessen Sohn der bedeutendste Schweizer Tiermaler wurde. Rudolf Kollers Gemälde

»Gotthardpost« galt bis zur Jahrhundertwende als das bedeutendste Kunstwerk des Landes. Noch im Alter pflegte der Ruedi zu sagen, seine Tierliebe sei in ihm erwacht, wenn er jeweils mit seinem Vater die Viehmärkte besuchte.

Gegen die Mitte des 19. Jahrhunderts notierte ein Reisehandbuch, der »Schwarze Adler« dürfe mit Recht zu den guten Gasthöfen Zürichs gezählt werden. Das geräumige Haus enthalte mehrere Salons und wohleingerichtete Gastzimmer.

Das Haus machte es nochmals 100 Jahre, bis es um 1953 einem Neubau wich. Heute zählt der wiederum renovierte »Adler« 70 Betten, eine beliebte Fondue-Stube und nebenan eine bekannte Bar. Die internationale Kundschaft schätzt die zentrale Lage bei moderaten Preisen.

HOTEL BAUR EN VILLE / SAVOY HOTEL

Poststraße 12/Paradeplatz

Im Dezember 1838 erschien in der Dresdner »Allgemeinen Zeitung« eine ganzseitige Annonce mit der Überschrift »Das Hotel Baur in Zürich«. Der lange Text war wirklich vielversprechend, zeugte aber vom raffinierten Geschäftsgeist des unterzeichnenden Hoteliers Johannes Baur, einem gebürtigen Vorarlberger, der als junger Bäckerknecht nach Zürich gekommen war, zwei kleinere Speisewirtschaften betrieben hatte und nun den großen Wurf wagte: Er ließ das erste Hotel in Zürich bauen, das wirklich zu diesem Zweck konstruiert war und das mit großem Erfolg alle bisherigen Gasthäuser in Frage stellte.

Seine Annonce begann mit den Worten: »Da ich den 24. Dezember 1838 mein neuerrichtetes Hotel eröffne, so gebe ich mir die Ehre, unter dem Versprechen der besten und elegantesten Bedienung alle Reisenden des In- und Auslandes in dasselbe höflichst einzuladen; ich werde mich dann bestreben, alle Herrschaften jeden Ranges in meinem Gasthofe nach Wunsch zu befriedigen.« Darauf gab der Wirt einem vielgereisten bekannten Wanderer das Wort: »Auf einem Platze, wo früher die alte Stadtmauer und viele kleine Häuser standen, wurde das neue Postkutschenzentrum nach einem höchst zweckmäßigen Plan im elegantesten Style erbaut; ihr gegenüber, durch eine platzähnliche Straße getrennt, erhebt sich nun der Riesengasthof des Hrn. Baur, dessen mittlere Façade eine Reihe jonischer Säulen ziert, indessen die Hauptfaçade auf einen mit einer ehrwürdigen Linde geschmückten Platz führt. Diese herrliche Seite ziert eine Reihe 4 Fuß dicker jonischer Säulen, deren Capitäler mit Meisterhand aus Kalkstein gehauen sind. In diesem Gebäude sind nun 142 Abtheilungen untergebracht, unter denen 10 Salons, 1 Speise-

saal zu ebener Erde, 2 Salons für Diner und Déjeuner à part und 1 Salon für manger à la carte sind. Diese vier aneinanderstoßenden Säle enthalten allein einen Flächeninhalt von 4000 Quadratfuß und sind sämtliche 15 Fuß hoch.«

Eine ebenso lange Tirade widmet der anonyme Wanderer der Bewirtung, den Bequemlichkeiten, den technischen Einrichtungen, um dann als Naturfreund auf die Krone aller dieser Herrlichkeiten zu kommen: das große Belvedere auf der Zinne des Hauses mit einer Länge von 300 Fuß. »Hier ist die Einrichtung getroffen, daß die Gäste wie in einem italienischen Garten unter Orangen und Blumen sich erholen können, mit Blick über den See, über Obst- und Weingärten hinauf zu den reichen Alpenmatten und über die beschneite Alpenkette, wie eine silberne Krone, die sich die Natur zu ihrem Triumphe geschaffen usw. usf. Wir sind überzeugt, daß dieser Prototyp aller Gasthäuser der Welt von nah und fern besucht und sich sein Ruhm über die Meere verbreiten wird...« Natürlich war der jubelnde Wanderer damit noch nicht fertig, alsogleich kam er auf den Wirt zu sprechen, welcher, wie er sagte, die Gäste nicht nur aufs beste, sondern auch aufs billigste bedienen werde.

Die Annonce wies natürlich auch auf den personellen Aufwand für dieses Superhotel hin: »...1 Oberkellner, 1 Buchhalter, 13 Unterkellner, 1 Hauptportier, 8 Unterportiers, 3 Köche, 1 Pâtissier und 1 Confiseur, 2 Küchenjungen, 2 andere Jungen, 1 Kellermeister, 1 Stallmeister mit 2 Stallknechten. Die Stallung am Ende des Hofes bietet Platz für 34–40 Pferde und 15 Wagen.«

Daß der kleine Baur, der seine Wirtekarriere im »Kirschbaum« in der Marktgasse begonnen hatte, nun ein so großer Herr werden sollte, nahmen ihm die Zürcher Gastwirte nicht ab. Aber der Erfolg ließ nicht lange auf sich warten. Er hatte alle anderen überflügelt und war schließlich der Hauptinitiant für den Bau der Bahnhofstraße, die ursprünglich nur von sei-

»Züri-Putsch«, der Aufstand der konservativen Landschaft gegen die liberale Regierung im September 1839 auf dem Paradeplatz. Das Hotel »Baur« war im Vorjahr eröffnet worden.

nem Haus zur Bahnstation ging und erst später zum See hinauf verlängert wurde.

Die Gästebücher des »Hotel Baur« haben sich bis heute erhalten, sie dienen als Beweis für Baurs Können und Tüchtigkeit. In der Tat dürfen sich die Listen der in Baurs Grandhotel Abgestiegenen sehen lassen. Zu den frühen Honoratioren nicht schweizerischer Provenienz zählten die französischen Gesandten Graf Mortier und Graf de Poutois, der englische Gesandte Monier, der bayerische Gesandte Freiherr von Verger, die preußischen Gesandten Graf von Wylich und Graf von Lottum, der sizilianische Gesandte Palazzolo aus dem Hause Ruffo, die russischen Prinzen von Lieven und von Czernyschew, vier deutsche Fürsten und sechs Grafen, darunter Graf Friedrich von Bismarck mit Töchterchen, Baron Anselm von Rothschild aus Frankfurt am Main, die österreichischen Fürsten von Schwarzenberg und von Oettingen-Wallerstein, die italienischen Grafen Cava und Belvilacca, der erfolgreiche Deutsch-Amerikaner Otto Wesendonck (der sich später hier niederließ), aber auch die kunstbegabten Herren Mendelssohn-Bartholdy, Carl Devrient, Josef Viktor von Scheffel und Franz Liszt!

Das »Baur« war noch kein Jahr alt, als sich vor seiner Tür der »Züriputsch« abspielte: Am 6. September stürmten Tausende von Landleu-

Das Hotel »Baur« (heute »Savoy Hotel / Baur en Ville«) im Eröffnungsjahr 1838. Im Hintergrund das Fraumünster.

ten unter dem Schlagwort »Religionsgefahr« durch die Stadt und verlangten von der radikalen Regierung, die in der reorganisierten Volksschule das viele Bibellesen durch Realfächer zurükgedrängt hatte, Garantien des christlichen Glaubens – im Sack das Gebetbuch, in der Hand die Flinte mit Pulver und Blei. Den volksfreundlichen Regierungsrat Dr. Hegetschweiler, der eine vermittelnde Stellung eingenommen hatte, traf es direkt vor dem Hotel. Der eben dort logierende französische Gesandte Graf Mortier hatte der »belle révolution«, wie er sie nannte, von einem Balkon aus zugeschaut, bis auch neben ihm eine Kugel einschlug und der Kammerdiener meldete, Frau Gräfin sei in Ohnmacht gefallen.

Zweimal wurde das Hotel aufgestockt und schließlich 1976 abgetragen, um in zweijähriger Arbeit originalgetreu wiederzuerstehen. Als »Savoy Hotel / Baur en Ville« gehört es heute noch zur Weltspitze. Die beiden einst zugehörigen Unternehmen »Baur au Lac« und »Orsini« haben gesonderte Betrachtungen verdient.

Paradeplatz und Hotel »Baur«, 1897. Links die 1856 eingeführte Droschkenstation Paradeplatz.

Das aufgestockte »Baur/Savoy«, um 1910.

Speisesaal des »Baur en Ville«, um 1895.

76

Baur au Lac

Talstraße 1

Das »Baur au Lac«, um 1910.

Das prächtige »Baur au Lac« steht genau dort, wo bis 1818 Zürichs Kriegsschiffe »Neptun«, »Seepferd«, »Biber« und »Otter« hinter einem Zaun von hohen Staketen vor Anker lagen. Noch 1799 sollte die Flotte mit rund 3000 Ruderern und Kanonieren unter österreichischem Kommando die Franzosen in die Flanke fassen, was aber mißlang, weil die Franken den Krieg unterhalb der Stadt mit Infanterie entschieden. Die Zürcher Seestreitkräfte kehrten in ihren Hafen zurück und wurden nicht mehr gebraucht. Nach 1830 wurde der Hafen zugeschüttet und der unternehmungslustige Wirt des Hotels am Paradeplatz, Johannes Baur, erstellte auf dem Neuland 1844 eine Dépendance für Sommerfrischler: ruhige Lage am See, nur wenige Schritte zur Postkutschenzentrale und zum Stadtinnern, wahlweise Frühstück im Haus, im Garten oder im modernen »Baur«-Hotel an der Poststraße. Die Sache ließ sich gut an. Nach elf Jahren baute Baur die kleine Biedermeiervilla zur klassizistischen Residenz für inkognito reisende Fürstlichkeiten, berühmte Künstler und andere Zelebritäten aus. Zur postalischen Unterscheidung wurden die beiden Häuser mit »En Ville« und »Au Lac« bezeichnet, wobei es in punkto Komfort keine Unterschiede gab.

Theodor Baur, dem der Vater schon 1852 als kaum Vierundzwanzigjährigem das Seehotel anvertraut hatte, stand dem Papa in nichts nach. Sein Haus am See galt als »Pflanzstätte« einer Hotelgeneration, seine Gäste waren wirkliche Könige: Im Frühsommer 1860 weilten der König von Bayern samt Gefolge und die Kaiserin von Österreich mit zwei Prinzen und einer »Hofsuite« von 60 Personen im »Au Lac«. Der Stadtrat und der Chef der Fremdenkontrolle machten ihre Aufwartungen; auch die kronenfressenden Demokraten wußten,

was sich gehörte. Als sich im Sommer 1867 die Kaiserin von Österreich mit ihrer Schwester, der Königin von Neapel, traf, brach in Zürich eine Choleraepidemie aus. Kaiser Franz Josef, der sie besuchen wollte, reiste, als er von der Seuche hörte, nicht mehr weiter, sondern erwartete seine Gattin in Schaffhausen. Dem Ruf des »Baur au Lac« tat dies keinen Abbruch. Die Abgeschiedenheit im Grünen und die vorbildliche Hygiene aller technischen Installationen boten weitgehende Sicherheit. So war es auch, als im Sommer 1876 die Cholera wieder auftrat und die Konkurrenz große Einbußen verzeichnen mußte.

Im August 1890 feierten der Afrikaforscher Stanley und seine Braut ihre Flitterwochen in der Fürstensuite. Die lederbezogenen Gästebücher mit Goldschnitt füllten sich wieder Blatt für Blatt: 1895 Herzog von Sachsen-Meiningen, 1896 Prinz von Wales, 1900 Fürst von Hatzfeld-Wildenburg mit Gefolge und

Fürst von Hohenlohe-Waldenburg-Schillingsfürst mit dem ganzen »Kometenschweif«, wie ein späterer Kenner der Szene solche »Grands Arrivés« auf einen kurzen gemeinsamen Nenner brachte. Eine nur annähernd vollständige Liste der Sterne, Stars und Starlets, die dem Haus im Laufe der Zeit die Ehre gaben, würde Bände füllen.

Es waren nicht zuletzt das Stadttheater und die benachbarte Tonhalle, denen das Hotel zustatten kam. Ihre ersten Kräfte fanden im »Seebaur« eine ruhige, nicht kragensteife Herberge, in der sie sich zu Hause fühlten. Und hier, bei einem Glas Punsch am Kamin, gelang es der Wiener Baronin Bertha von Suttner im September 1892, den schwedischen Chemiker und Erfinder des Dynamit, Albert Nobel, von der Notwendigkeit eines internationalen Friedenspreises zu überzeugen: »Ihre Erfindung wird Kriege nicht verhindern, sondern zur Hölle machen!« Sie war einst in Paris seine

»Baur au Lac«, einst ländliche Dépendance des »Baur en Ville«, um 1930.

Sekretärin gewesen und nun zur Jungfernfahrt seiner Aluminiumjacht, die er bei Escher Wyss in Auftrag gegeben hatte, nach Zürich eingeladen worden.

Episode über Episode! Die Welt veränderte sich rasch und mit ihr die Menschen, vor allem nach dem Weltkrieg, den man damals noch nicht den Ersten nannte. Aber Geborgenheit und gepflegte Gastlichkeit waren immer gefragt. Im »Baur« gingen bald die Flimmergrößen der Stummfilmzeit aus und ein. Dazu kamen Tenöre und Regisseure, Pianisten, Primgeiger, Schauspieler und gelegentlich Scharlatane, die von der Polizei abgeholt wurden, bevor sie bezahlen mußten. Wer nennt die

Völker, kennt die Namen, die gastlich hier zusammenkamen? – Diskretion, auch wenn sie längst gestorben sind!

Doch Erfolg ist nicht einfach ein geschenkter Haussegen; er muß täglich neu verdient werden. Bauen war schon Johann Baurs Passion. Der Weg von der kleinen Familienpension zum Grandhotel war mit ungezählten An-, Ein- und Umbauten gepflastert, von der römisch-türkischen Badehalle bis zu den ersten Zimmerbädern. Marmor, Stilmöbel und Tradition!

Seit der Eröffnung gehörte das Haus der gleichen Familie, aber nicht unter dem gleichen Namen. In den neunziger Jahren übergab

Theodor Baur den Besitz seinem Schwiegersohn Charles Kracht aus einer Kölner Hotelierfamilie. Die Direktion wurde von den Krachts einem Großneffen des Hotelpioniers César Ritz anvertraut und seither auf dessen Nachfolger vererbt.

Vor einiger Zeit wurde das »Flaggschiff der Zürcher Hotellerie« von der weltweit gelesenen amerikanischen Zeitschrift »Travel and Leisure« unter die zehn »great hotels of the world« eingereiht, neben dem »Ritz« in Paris, dem »Claridge's« in London, dem »Oriental« in Bangkok und dem »Mandarin« in Hongkong.

ORSINI

Waaggasse 3/Münsterhof

Gibt es irgendwo im zivilisierten Europa ein anderes Gourmet-Restaurant, das den Namen eines ruchlosen Mörders auf der Menükarte trägt? In Zürich ist es das »Orsini«, Dépendance des Hotels »Baur«, ein kulinarisches Ereignis mitten in einem Kreis von Gasthäusern mit Tradition: einerseits das »Münsterhöfli« mit mittelalterlichen Fresken im Speisesaal, gegenüber das schmucke Zunfthaus »Zur Waag«, andererseits am Ende der kurzen Waaggasse der »Zeughauskeller«, der aus Zürichs spätmittelalterlichem Arsenal einen bodenständigen Biersaal machte. Sie alle haben Atmosphäre, das »Orsini« hat Ambiance!

Bis 1838 war das schon anno 1357 aktenkundige »Hus des Lütpriesters« die Amtswohnung der Fraumünsterpfarrer, wurde dann zur Wohnung von Johannes Baurs Schwiegersohn und Nachfolger Christof Ziesing aus Darmstadt und schließlich eine zum »Hotel Baur« geschlagene Bierkneipe, die aber nicht jedem behagte. Stammgast und Wortführer der deutschen 48er Flüchtlinge war nämlich der wortreiche Georg Herwegh, Verkünder der großen proletarischen Revolution. Er war kein großer Dichter, aber seine Lieder zündeten durch ganz Europa: »Wir haben lang genug geliebt, wir wollen endlich hassen...«, was ihn nicht von üppigen Champagnergelagen abhielt. Der Geheimbewegung »Junges Italien«, die allen Fürsten den Garaus machen wollte und von der Schweiz aus agierte, gehörte seine volle Sympathie.

Im Januar 1858 verübte der italienische Berufsrevoluzzer Felice Orsini in Paris ein Attentat auf Napoleon III., der ausgerechnet zu einer Aufführung von Rossinis »Tell« in die Oper fahren wollte. Doch die im Rinnstein plazierte Höllenmaschine zündete nicht, da schleuderte Orsini mit seinen beiden Genossen

Das »Orsini«, einst politische Kneipstube des »Baur«. Rechts angeschnitten die »Waag«, um 1919.

Tor zum »Orsini«, Aufnahme aus dem Jahr 1890 von Jean Gut.

drei Bomben hinter der Staatskarosse her. Der Kaiser und die Kaiserin Eugenie, deren Wagen mit eisernen Platten ausgeschlagen war, wurden nur leicht angekratzt, die aufgeschlitzten Pferde schlugen noch einmal wild um sich, auf dem Pflaster wälzten sich über 100 Verwundete in ihrem Blut.

Nach der Hinrichtung des »Königsmörders« hängte Herwegh das Porträt des »Freiheitshelden« allen sichtbar an die Wand der Wirtschaft, die dadurch zum zynischen Namen »Café Orsini« kam. 1877 wurde die Kneipe aufgemöbelt und mit einem majestätischen Gittertor versehen. Distanz verschafft Respekt!

Heute ist das vor einiger Zeit wieder renovierte »Orsini« ein erlesenes Speiserestaurant mit italienischen Spezialitäten. Seinen Namen mögen adelskundige Gäste gelegentlich mit dem römischen Fürstenhaus Orsini in Verbindung bringen, das im Gästebuch des »Baur«-Hotels mehrmals nachgewiesen ist, aber in diesem Falle war die Wahrheit wahrlich ganz anders.

Die Quaibrücke. Darstellung vor der Vollendung im Jahr 1884. Im Hintergrund das Hotel »Belle-Vue au Lac«.

GRANDHOTEL BELLE-VUE AU LAC

Bellevue-Platz

Schade, daß es das »Belle-Vue« nicht mehr gibt. Zwar erinnern noch der Platz des gleichen Namens und ein Kino an das einstige Grandhotel, das bei allem Renommé wie ein Saurier an seiner eigenen Größe starb. Das Hotel entstand 1853, in der Frühzeit des Tourismus, als eine schöne Aussicht zu den höchsten Naturgenüssen gehörte. Die noch unverdorbene Schweiz mit ihren schneebedeckten Bergen und blauen Seen wurde als das letzte Paradies in Europa gepriesen. Nach den ersten Bergkraxlern, zumeist Engländern, führten kühne Drahtseilbahnen das weniger sportliche Publikum auf die Gipfel der Voralpen. Zuerst rund um Luzern, dann auch von Zürich aus, das aber wenig Gebirgiges anzubieten hatte.

Noch um die Mitte des 19. Jahrhunderts waren die Ufer des unteren Zürichseebeckens grüne, lauschige Gestade, und die Wasser kräuselten sich bis unter die Terrasse des Hotels »Belle-Vue«. In seinen Gästebüchern haben literaturbeflissene Deutsche immer wieder Klopstocks und Goethes Oden auf den Zürichsee zitiert, variiert und parodiert:

*Der Klopstock und der Goethe fuhren
den See hinauf auf schwankem Kiel,
vom »Bellwü« folg ich ihren Spuren
per Fernglas bis nach Richterswil.*

*So ohne Müh' und große Pein
erfind ich meine eigne Ode
bei einem Tropfen Schiller-Wein:
Das Bellwü ist heut große Mode!*

Das Hotel »Belle-Vue«, um 1889. Aufnahme vom Großmünsterturm.

Leider ließ ein Unbekannter vor wenigen Jahren auch noch das letzte Gästebuch mitlaufen, so daß sich »Belle-Vue«-Sprüche nur noch von Mund zu Mund überliefert haben. Daß es darüber auch sonst nicht viel Schriftliches gibt, hat seinen Grund: Das für seine klassische Seesicht berühmte Haus galt als Geheimtip vornehmer Globetrotter, die Ruhe und Stadtnähe mit Komfort verbanden. Die Distinguiertheit der Gäste und die Diskretion der Direktion haben nicht viel mehr als einen legendären Ruf hinterlassen.

Erhalten haben sich aus der Blütezeit des Hauses aber zwei humorige Schilderungen bedeutender Persönlichkeiten. Mit der ersten begann Ricarda Huch aus Braunschweig ihre bezaubernde Studentenerinnerung »Frühling in der Schweiz«:

»Am Abend des 1. Januar 1887 kamen wir, mein Bruder und ich, in Zürich an und stiegen im Hotel ›Bellevue‹ am See ab; es war noch das alte Haus, kleiner und stilvoller als das jetzige. Beim Abendessen saß eine Gesellschaft von Herren und Damen uns gegenüber – denn man speiste an der Table d'hôte –, die sich sehr lebhaft und lustig unterhielt in einer Sprache, von der ich kein einziges Wort verstand. Soviel konnte ich unterscheiden, daß es keine von den bekannten westeuropäischen Sprachen war, auch eine slawische schien es mir nicht zu sein. Während ich darüber nachdachte, kam es mir vor, als ob einer der Herren einen mongolischen Typus habe. Sollten sie kalmückisch oder tatarisch sprechen? Wahrscheinlich war das bei ihrem durchaus europäischen Aussehen und Verhalten nicht. Später erfuhr ich, daß kurz vorher in den Escher-Häusern am Zeltweg ein Brand ausgebrochen war und daß die davon Betroffenen bis zur Ausbesserung der in ihren Wohnungen entstandenen Schäden ins Hotel gezogen waren. Sie sprachen ihr angestammtes Zürichdeutsch, das mir bald so vertraut klingen sollte.«

Die zweite »Belle-Vue«-Episode ist durch das Hintertürchen eines herzerfreuenden

Briefwechsels in die Literatur eingegangen –
die Schilderung Gottfried Kellers über seinen
Rücktritt als Staatsschreiber des kantonalzür-
cherischen Regierungsrates, mit dem er sich
nicht eben gut verstanden hatte:

»Mit meiner Regierung bin ich noch leidlich
auseinandergekommen oder vielmehr lustig«,
schrieb Keller im August 1876 an seinen Wiener Freund Adolf Exner, »sie veranstalteten
mir ein Abschiedsessen im Hotel ›Belle-Vue‹,
an dem ausschließlich die Mitglieder der Regierung und ich waren; und überreichten mir
einen silbernen Becher. Die Sache begann um 6
Uhr nachmittags. Um 9 Uhr schien es mir
einschlafen zu wollen, ich verfiel auf die ver-
rückte Idee, ich müsse nun meinerseits etwas
leisten und den Becher einweihen. Ich lief
hinaus und machte ganz tolle Weinbestellun-
gen in Bordeaux, Champagner usf. in der
Meinung, dieselben selbst zu bezahlen. Die
Herren aber wußten, daß alles aus der Staats-
kasse bezahlt werden müsse, und um den
Schaden wenigstens erträglich zu machen, fin-
gen sie krampfhaft an mitzusaufen und soffen
verzweifelt bis morgens um 5 Uhr, so daß wir
am hellen Tage auseinandergehen mußten. Ich
hatte drei Tage Kopfweh. Das Tollste ist, daß
ich die Herren, je mehr wir soffen, um so
reichlicher mit Offenherzigkeiten regaliert habe in diesem Augenblick, mit meinen Ansichten über die Verdienstlichkeit ihres Regiments
und dgl., was mich nachher geärgert hat, denn
es war doch kommun undankbar. Sie machten
jedoch geduldige Mienen dazu; ich glaube
aber, sie gäben mir jetzt den Becher nicht
mehr. Die bestellten Weine wollte ich am
anderen Tage oder vielmehr am Nachmittage
desselben Tages bezahlen; es wurde mir aber
richtig nichts abgenommen. Alles wird sorgfältig verschwiegen; nur das Rechnungsbelege
wird als stummer Zeuge in den Archiven liegen
bleiben.«

Anfänglich lebte das »Belle-Vue« vor allem
vom Schiffsverkehr, der 1835 mit dem ersten
Zürcher Dampfschiff »Minerva« einen großen

Die Quaibrücke vom Hotel »Belle-Vue« aus gesehen, um 1900. Im Hintergrund die Kirche Enge.

83

Hotel und Café »St. Gotthard«, um 1920.

Aufschwung erlebte. Doch schon zwölf Jahre später wurde genau am entgegengesetzten Ende der Stadt der erste Bahnhof gebaut. 1856 war der größte Teil des schweizerischen Eisenbahnnetzes erstellt, und Zürichs Bahnhofplatz wurde Fremdenzentrum. Auch die Bildung einer Hotel-Aktiengesellschaft im Jahre 1888 und Umbaukosten von 1,5 Millionen Franken konnten das Rad der Eisenbahnzeit nicht aufhalten. Zwar nannte sich das Unternehmen jetzt »Grand-Hôtel-Pension Bellevue au Lac«, gelegentlich auch als »Palace-Grand-Hôtel« mit dem Zusatz »an der Gotthard- und Arlberg-Linie« versehen, aber die Konkurrenz schlief auch nicht, das »Victoria«, das »National«, das »Habis« und das »St. Gotthard«, die am Bahnhofplatz lagen, machten Furore.

Im Winter 1911 baute der Wirt Albert Huber die Parterre-Räumlichkeiten in ein Grand-Restaurant um, »mit allem Komfort ausgestattet, ein Unternehmen, wie noch keines in der Schweiz existiert«. Schließlich machte er 1914 mit einem künstlerisch hervorragenden Plakat auf seine (fehlende) Eisenbahnnähe aufmerksam: Vor einer imposanten Lokomotive steht ein offenbar sehr sportlicher Engländer, erkennbar an seiner schottischen Karreekleidung, vor ihm auf dem Boden sein modisches Handköfferchen. Worauf wartet er? Wo ist der Portier, der ihn abholt?

Tatsächlich war der Zug, der nie ankam, für das »Belle-Vue« bereits abgefahren. Der Erste Weltkrieg schnitt Zürich ganz vom Fremdenverkehr ab. Zimmer um Zimmer, Etage um

Blick vom Utoquai auf das »Belle-Vue« und die Stadt, um 1907.

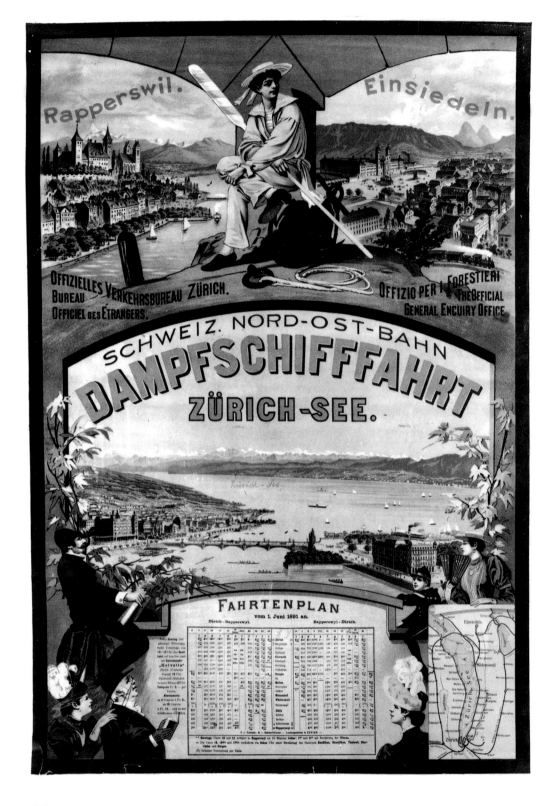

Plakat der »Carlton Restaurant/Belle-Vue au Lac« von Jules de Praetère aus dem Jahr 1915.

Etage wurden auf lange Sicht als Büroräume vermietet. Erhalten hat sich lediglich das Café, Cabaret und Dancing »de la Terrasse«, das sich mit dem Kino, einer Bankfiliale und einigen weiteren Ladenlokalen das Erdgeschoß teilt. Das »Terrasse« gilt heute als führendes Nachtlokal, wo sich beizeiten die solventen Geschäftsherren zu einem anregenden Abend treffen.

Fahrplan der Zürichseeschiffe im Stil der Jahrhundertwende.

Limmatquai mit der Uferfassade des Hotel »Belle-Vue«.

Hotel »Belle-Vue«, um 1903.

Früheste Aufnahme des 1871 eröffneten Bahnhofs und des Bahnhofplatzes, um 1867.

grün, mit einer Mappe unter dem Arm, von dämonischen Wasserspielen umspült: einst der Dorn im Auge des Arbeitervereins, der das Denkmal des Despotismus in der Nacht vor der Enthüllung sprengen wollte.

Der Sturm hat sich längst gelegt. »Was, das schöne Denkmal soll weg – aber wer war der dort oben eigentlich?« hörte man vor drei Jahrzehnten, als der Bronzeriese vorübergehend deplaziert wurde, um den Bahnhofplatz für eine Ladenpassage zu unterhöhlen.

»Shopville« heißt diese Unterwelt heute, und man ist dauernd daran, sie zu verbessern. Aber auch der Verkehrsplatz darüber ist eine irre Welt. Die einen schimpfen auf die Trams, die andern auf die Autos. Und mit den Fußgängern geht's, wie einst ein Dichter reimte:

Bahnhofplatz um 1923. Im rechten Flügel des Bahnhofs befindet sich das »Bahnhofbuffet«.

BAHNHOFBUFFET

Bahnhofplatz 15

»Edle Einfalt, stille Größe« hat man dem schlichten Namen Bahnhofstraße schon attestiert. Bahnhofstraßen findet man gleich zu Hunderten auf der Welt, aber nur die zürcherische hat es zu internationalem Ansehen gebracht. Ähnliches gilt für das »Bahnhofbuffet«. Folgt dahinter nicht eine einschränkende Ortsbezeichnung wie Selnau oder Wollishofen, mußte das Großrestaurant am Bahnhof gemeint sein: größte Beiz in der Schweiz!

Was auch wieder eine Simplifizierung ist, denn die 1800 Plätze verteilen sich auf ein Dutzend raffiniert zusammenkomponierter Lokale mit verschiedenen Küchen, aber alles unter einem Dach und einer Direktion. Man trifft sich nie am Bahnhofbuffet, aber im »Da Capo«, im »Au Premier« oder in der »Alfred Escher-Stube«, die an den Eisenbahnkönig, Bahnhoferbauer und Initianten der Gotthardbahn erinnert. Draußen vor dem Bahnhofportal steht er im Weltformat, grünspan-

89

Hotelportiers mit ihren Autos vor dem Bahnhof. Im Hintergrund rechts das »Café du Nord«, um 1912.

Hat der Mensch mal Lust im Leben,
möcht' ein Bier im »Bahnhof« heben
und dorthin per pedes gehn,
darf er niemals bleiben stehn,
sonst wird er, tut er's doch wagen,
ganz entstellt hinweggetragen.

Das war anno 1928!

Die ganze Bahnhofgeschichte reicht weit ins 19. Jahrhundert zurück, als da draußen vor der Stadt noch die Schafe weideten. »Großmanns-

sucht an der Limmat?« Aber der Bahnhof wurde trotzdem gebaut, als Ausgangs- und Endpunkt der Nordost-Bahn. Das Bahnhofrestaurant – »Fallgrube verrückter Spekulanten!« – nahm in Zürichs Wirtschaftsleben gleich einen ersten Platz ein. »Den ersten Platz? – Ja, wenn man von den Zügen kommt«, meinte einmal ein Neidhammel, aber das war mehr Witz als Wertung.

Nach sechsjähriger Bauzeit war der Bahnhof am 15. Oktober 1871 endlich fertig. Er wurde

nicht einfach in Betrieb genommen, ein solennes Fest gehörte dazu, auch für das verehrliche Publikum – mit Freibier und Gratiswürsten, solange der zu kleine Vorrat reichte: »Eine bewundernswerte Menge wälzte sich durch die riesige Halle und die glänzend beleuchteten Wartesäle mit ihren schwellenden Polstern, mit den Spiegeln, Busketten und plätschernden Brunnen, und nicht am wenigsten wurde der Luxus der Wirtschaftseinrichtungen und die Noblesse der Toiletten bestaunt.« Glanz und

Größe der Gründerzeit, Neorenaissance von besten Architekten, angeführt von Gottfried Semper. Dieses Lob galt auch dem Restaurant: »Ein Tischlein-deck-dich für den einfachen Bürgersmann und seine liebe Familie, das Schlaraffenparadies für den Feinschmecker aller Zungen. Gastlichkeit für jeden Gusto!«

Die Qualität des Restaurants »Bahnhofbuffet« ist in den nun über 120 Jahren seines Bestehens nie angezweifelt oder gar angefochten worden. Es galt und gilt als erstklassiges Haus unter untadeligen Direktoren, von Primus Bon (Nomen est omen!), seinem Vater und Großvater bis zu seinen Familiennachkommen Candrian. Sie alle haben immer für »Eßthetik« gesorgt, hinsichtlich Küche, Keller und Kunst an den Wänden. Als der Bahnhof vor dreißig Jahren abgebrochen werden sollte, besann man sich unter dem Druck der Denkmalpflege eines Besseren, und die millionenschwere Restaurierung gab auch dem Restaurant seine alte, herrschaftliche Schönheit zurück.

Gewiß, dieser oder jener Zürcher Wirt hat sich gelegentlich über die Vorzugsstellung dieser Konkurrenz beklagt, die den Anreisenden schon in ihre verführerischen Arme nimmt, bevor er den Boden der Stadt betritt: Mit dieser Ankunft habe er noch keine Unterkunft! Man müsse die längeren Spieße des Bahnhofbeizers einmal zurückstutzen! Aber das Bahnhofrestaurant steht seit der Verstaatlichung der Eisenbahnen auf exterritorialem Boden, unter dem Dach der SBB, die sich auch für die Öffnungszeiten ihrer vielen Kioske und Passantenläden eigene Rechte herausnimmt. Sehr zum Ärger des Zürcher Stadtrates, der in seinem rigoros reglementierten Wirtschaftsgebiet diese liberale Enklave zähneknirschend dulden muß. Sehr zum Wohl der Passanten, der Konsumenten und der Restauration!

Bahnhof-Hauptportal und »Alfred-Escher-Denkmal«, um 1910.

Blick vom Bahnhofplatz in die Bahnhofstraße, rechts das Hotel »National«, um 1885.

HOTEL NATIONAL, HOTEL HABIS, HOTEL VICTORIA

Am Bahnhof

Aus den kargen Herbergen und einfachen Hospizen des 18. Jahrhunderts entwickelten sich mit dem Eisenbahnzeitalter die Grandhotels mit zumeist französischen und englischen Namen. Das gutbürgerliche Gasthaus mit Fremdenunterkunft wurde vom repräsentativen Palast abgelöst. Bissig, aber wohl zutreffend der Kommentar des Zürcher Architektur-Professors Peter Meyer:

»Die französische Revolution hatte die Gleichheit aller Bürger gebracht – wenigstens theoretisch. Und auch wo sie nicht effektiv

Hotel »National« am Bahnhofplatz, 1877.

Wunschträume des Kleinbürgers ins Kraut: Einmal in einem richtigen Palast wohnen! Über breite, teppichbelegte Treppen schreiten! Sich in riesigen Spiegeln in schwer goldenen Rahmen sehen! Sich von Kellnern im Frack bedienen lassen im gleichen Saal wie ein richtiger Graf oder gar ein Millionär – welche Wonne für den Parvenu! Was man sich zu Hause nicht leisten kann, oder aus einem letzten Rest gesellschaftlichen Taktes nicht leisten will, das darf man für Tage oder Wochen im Hotel ganz ohne kleinliche Hemmungen, hier darf man einmal Fürst sein, einmal Krösus spielen! Alle Romane jener Zeit sind voll von Hotel-Szenen und beweisen damit, wie wichtig dieses Hotel-Erlebnis war, gedruckte Fremdenlisten sorgten dafür, daß jedermann wußte, in welch erlauchter Gesellschaft er sich befand – und nur schon die Befriedigung, seinen Namen gedruckt zu sehen! Es war die typische Situation des Freigelassenen, der im-

durchgedrungen war, so z. B. in Deutschland, galt sie doch als Forderung. Der dem Europäer seit Jahrhunderten anerzogene Takt für das jedem einzelnen Stand angemessene Auftreten, zu dem auch die Art seiner Architektur und seiner Möbel gehört, hielt aber immerhin noch etliche Generationen vor – dann, in den Siebzigerjahren, war er aufgebraucht. Unterdessen war das Bürgertum durch die sich stürmisch entwickelnde Industrie reich geworden, und neue Schichten ohne alte bürgerliche Kultur drängten nach. Mochten die altbürgerlichen Familien ihre altväterisch-gediegenen Traditionen pflegen, die Neureichen hatten keinen Grund, sich Diskretion aufzuerlegen. Man hatte die Mittel, großartig aufzutreten – warum hätte man sie nicht ausnützen sollen? Man tat es geradezu im Gefühl, etwas nachholen zu müssen. Und nun schießen die geheimsten

Die Bahnhofstraße um 1910.

93

Bahnhofplatz mit Hotel »Habis« und »Alfred-Escher-Denkmal«, um 1890.

mer noch unter dem heimlichen Druck gesellschaftlicher Minderwertigkeit leidet und der sie nun des Üppigsten überkompensiert.«

Den Auftakt zu solchen Traumschlössern gaben in Zürich der großartige neue Bahnhof von 1871 mit seiner stützenlosen Halle »weit größer als der Kölner Dom«, gefolgt 1882 von der Gotthardbahn, dem »europäischen Weltwunder: Der Glaube versetzt keine Berge mehr, aber die Wissenschaft durchbohrt sie.«

Die große Trennmauer zwischen Nord und Süd war gefallen: »Kennst du das Land, wo die Zitronen blühen?«

Zur vornehmsten Geschäftslage – vor kurzem noch eine Schafweide am unteren Stadt-

Blick vom »Habis« auf den Bahnhofplatz. Links der Bahnhof, rechts das »Victoria«. Der Spring-brunnen von 1880 wurde 1889 durch das »Alfred-Escher-Denkmal« ersetzt.

rand – wurde nun der Bahnhofplatz mit Springbrunnen als Eingang zum Paradeboule-vard der Fröschengrabenallee, die man im letz-ten Augenblick in Bahnhofstraße umbenannt hatte. Hier, »vis-à-vis de la gare«, entstanden in rascher Folge die Hotels, die die Welt bedeu-teten: das »National« (1876), das »Habis« (1878) und das betont englische »Victoria« (1882). Zwar glichen sich alle in ihrer Reprä-sentationsarchitektur, aber jedes pflegte seine Eigenart und seine Stammgäste.

Grand Hotel »Victoria« am Bahnhofplatz, um 1914.

Hotel »Victoria« und Hotel »Habis«, 1912.

Das »National« propagierte seinen »Maurischen Saal«, ein Hauch von Exotik, der zum glanzvollen Rahmen exquisiter Bälle, Veranstaltungen und Feierlichkeiten wurde. Heute ist das »National«, längst um die Nebengebäude erweitert, noch immer eine erste Adresse: »National Terminus Schweizerhof«.

Das elegante »Victoria« diente oftmals frisch Vermählten als erstes Zufluchtsquartier, betuchten Brautleuten, die dort nach strapaziösen Feierlichkeiten ihre Flitterwochen einläuteten und anderntags, unbeobachtet von allzu

Neugierigen, zum benachbarten Bahnhof eilten und durch das rauchige Gotthardloch gen Süden zogen. Traumziel: eine Gondelfahrt in Venedig!

Zur Jahrhundert-Attraktion lud das »Victoria« auf den 3. August 1892: Das erste Zürcher Elektrizitätswerk Letten (geplante Eröffnung im folgenden Jahr) lieferte seinen ersten Versuchsstrom in den großen Victoria-Festsaal, wo der Stadtrat, die Hochschulprofessoren und andere Honoratioren mit ihren Damen das Aufflammen des »rauchlosen, keinen

Sauerstoff mehr brauchenden Glühfadenlampenlichts« mit »Ah« und »Oh« bejubelten. Umweltbewußtsein schon damals?

Das »Habis«, vom Thurgauer Gustav Habisreutinger gegründet, ging alsbald als »Habis Royale« ins Fremdenhotelverzeichnis ein: Auf der stilleren Seite des verkehrsreichen Bahnhofplatzes legte sich manches gekrönte Haupt zur Ruhe. Es war zudem Absteigequartier der russischen Gesandtschaft. Auch der deutsche Kaiser Wilhelm II. residierte hier 1812, als er Zürich besuchte, um im Thurgau jovial und volksverbunden die Schlagkraft der Schweizer Armee zu erforschen.

Tempi passati! 1985 wurde das »Habis« abgebrochen und die Fassade unverändert wiederaufgebaut. Die Zürcher Architekten, die hier gerne einen neuen Akzent gesetzt hätten, sprachen von »diskreter Ignoranz«. Der Stadtbaumeister konterte: »Denkmal ist hier der ganze Platz, nicht das einzelne Gebäude.« Die Bauherrschaft, eine Versicherung, doppelte nach: »Wir brauchen keinen Glaspalast, um uns zu profilieren!«

1990 wurde im restaurierten »Habis« als Überbleibsel einstigen Renommees ein modernes Speiserestaurant eingerichtet, mit 450 Plätzen eines der größten der Stadt.

Zum alten Schützenhaus

Am Bahnhofquai

»Dieser Tage wird ein altes Gebäude abgetragen, das nicht nur in früheren Jahren, sondern auch in unserer neuesten Zeit von einiger Bedeutung war«, meldete Mitte März 1899 die »Zürcher Adressen-Zeitung«. Gemeint war das »Schützenhaus«, das am heutigen Bahnhofquai etwas unterhalb des »Gedeckten Brügglis« lag.

Das erste »Schützenhuss uff dem Platz«, also beim Schießplatz, stammte aus dem 15. Jahrhundert, wurde mehrmals erweitert und 1571 durch einen stilvollen Neubau mit Fresken, Wappen, Sonnenuhr und Treppengiebel ersetzt. 1784 wurde eine weitere »Erneuerung bis auf die Grundmauern« beschlossen, was zwar 32 000 Pfund kostete, dem einst schlichten mittelalterlichen Schützenhaus aber nicht zum Vorteil gereichte.

Durch den ersten Bahnhofsbau von 1847 bedrängt, war das »Schützenhaus« schon 1849 seiner Funktion als Schießzentrum enthoben und im Sihlhölzli Ersatz geschaffen worden. Doch als beliebtes Wirtshaus »Zum alten Schützenhaus« erlebte es noch einmal bewegte Tage. Hier fanden die stürmischen Sitzungen des 1848 gegründeten Arbeiterbildungsvereins der Grütlianer statt. Hier ging es um Selbsthilfe, Streiks und Agitation.

Hier muß es auch gewesen sein, wo die beiden Grütlianer Karl Bürkli und Johann Jakob Treichler am 26. September 1851 den »Konsum-Verein« gründeten, die erste derartige Genossenschaft auf dem europäischen Kontinent. Lebensmittel im großen einzukaufen und ohne Zwischengewinn an die Mitglieder weiterzuverkaufen, das war ihr revolutionäres Prinzip, das vom Gewerbe mit kleinlichen Mitteln bekämpft wurde. Der damals belächelte Name »Konsum-Verein«, heute im ganzen deutschen Sprachgebiet ein gängiger Begriff, stammte von Bürkli. Ihm, dem eigenwilligen, aber auch ränkevollen Pionier und Präsidenten, hatte es der Verein zu verdanken, daß er im April 1860 trotz großer Widerstände das Schützenhaus samt Umschwung für 128 000 Franken erwerben konnte und damit kein schlechtes Geschäft machte. Ein Teil des großen Areals wurde verkauft; 1899 war der »vielbesuchte, schmucklose, niedrige Kasten« so baufällig geworden, daß er abgebrochen wurde und an seiner Stelle die Bürohäuser Bahnhofquai 9–11 entstanden. Sie konnten am 1. April 1900 bezogen werden und sind bis heute im Besitz des Zürcher »Konsum-Vereins«.

Der Palmengarten der alten »Tonhalle« am »Belle-Vue«, 1883.

VON DER ALTEN ZUR NEUEN TONHALLE

Bellevue/Guisan Quai

An die ehemalige alte »Tonhalle« erinnert noch heute der »alte Tonhallenplatz« beim »Belle-Vue«, seit 1947 »Sechseläutenplatz« genannt, auf dem von den Zünften alljährlich im April der »Böögg« verbrannt wird. Ehedem war hier das Zentrum des Zürcher Unterhaltungslebens. In Laurencis Städtebilder-Verlag erschien um 1895, »verfaßt nach den besten

»Gruß aus Zürich«, um 1900.

98

Quellen und unter Mitwirkung anerkannter Schriftsteller«, ein Porträt von Alt-Zürich, das anschauliche Passagen enthält:

»Von außen macht die ›Tonhalle‹ einen ziemlich unscheinbaren Eindruck. Es geht dem Fremden hier wie bei der ›Scala‹ in Mailand, die auch äußerlich nichts von der Pracht im Innern verrät. Da ist zuerst der Palmengarten, ein Riesensaal, der, wie sein Name andeutet, der ganzen Länge nach mit Palmengewächsen verschiedenster Größe und Art besetzt ist. Rechts vom Eingang ist das Podium für das Orchester, das häufig durch Zuzug der Gurnigelkapelle des Herrn Muth über vierzig Mann stark ist.

Herr Kapellmeister Kempter schwingt hier mit Meisterhand den Taktstock. Dem Eingang gegenüber wird bei besonderen Anlässen, beispielsweise nach dem Brande des Aktientheaters in der Neujahrsnacht 1890, eine provisorische Bühne errichtet und regelrechte kleine Theater- oder Opernaufführungen veranstaltet. Besondere Berühmtheit erlangten die hier aufgeführten Oratorien am Karfreitag, die jeweils die Konzertsaison würdig abschließen.

An Karnevalsabenden herrscht ein anderer Geist, die Bockabende entfesseln die tollste Lustigkeit. Das reizvollste Bild bieten aber bei schönem Wetter in milden Sommernächten die Konzerte im Tonhallenpark. Das ist ein Fluten, ein Gewoge der elegantesten Toiletten im magischen Scheine der elektrischen Beleuchtung, daß man an orientalische Märchen erinnert wird. Die ganze fashionable Welt gibt sich hier ein Stelldichein, bunt zusammengewürfelt aus aller Herren Länder. Der Kies unter den Füßchen reizvoller Damen knirscht, die Roben rauschen, die Musik erklingt und übertönt das leise Flüstern der Wellen des nahen Sees, ein Bild von elfenhaftem Zauber.«

Aber die alte »Tonhalle«, die aus dem ehemaligen Kornhaus von 1839 hervorgegangen war, konnte ihre Hinfälligkeit nicht mehr verleugnen: »In jeder Ecke fällt der Gips von der Decke!« Ein Neubau mußte her, auf der ande-

Die 1895 von Johannes Brahms eröffnete »Tonhalle« im Stil des Pariser Trocadéro.

ren Seite der Limmat am heutigen General-Guisan-Quai. Im pseudo-orientalischen Stil des Pariser Trocadéro errichtet, wurde der bizarre »Musenbazar« im Oktober 1895 von Johannes Brahms mit seinem »Triumphlied« und viel Champagner eingeweiht. Hier fanden alsbald auch die großen Jahresfeste des »Lesezirkels Hottingen« statt, mit Tanz und Dekorationen wie aus 1001 Nacht. Der Hottinger Zirkel, aus dem Turnverein hervorgegangen – in einem gesunden Körper wohne auch ein gesunder Geist! – wurde zum literarischen Zentrum Zürichs. An seinen Vortragsabenden sprachen die bedeutenden Dichter, von Hauptmann über Hamsun bis Hesse und hinunter zu Huggenberger.

Aber unter dem hämischen Titel »Ernst ist das Leben, heiter ist die Kunst!« wurde der lächerliche Baustil des »Heulkastens« bald als chinesisch-mexikanisches Zuckerwerk be-

zeichnet, immerhin: Die Küche erfülle alle Ansprüche, die Weine entsprächen der Etikette, und die Nachtkellnerinnen seien immer willig, aber nicht billig.

Für die Schweizerische Landesausstellung 1939 wurde die »Tonhalle« zum Kongreßhaus umgebaut, unter Beibehaltung des großen Musiksaals, dessen Akustik und Ambiance noch heute den Meister loben. Es waren die Wiener Architekten Helmer und Fellner, die fünf Jahre vorher das Stadttheater gebaut hatten.

Die neue, bizarre »Tonhalle« am Alpenquai, um 1900.

»Sprüngli«-Zeitungsannonce, 1883.

SPRÜNGLI UND BAUGARTEN

Paradeplatz und obere Bahnhofstraße

Als der Zuckerbäcker David Sprüngli sein Etablissement 1859 von der Marktgasse an den Paradeplatz verlegte und ihm sogleich weltstädtische Dimensionen gab, war das eine Spekulation, die sich nicht erfüllte und trotzdem als richtig erwies. Der junge Konditor glaubte nämlich, daß der neue Bahnhof, der damals geplant wurde, an den Paradeplatz zu stehen kommen werde. Doch die Rechnung ging anders aus. Zürichs Stimmbürger entschieden sich für den Bau der Bahnhofstraße anstelle des Fröschengrabens. In der Folge wurden die Stadtmauern geschleift und vom Bahnhof zum Paradeplatz eine Avenue gebaut, die in ihrer Breite recht sinnlos schien. Natürlich war Sprüngli geradezu erschüttert über diese für ihn fatale Wendung. Aber er gab nicht auf. Schlanksein war damals noch nicht Mode, im Gegenteil. Torten, Kuchen, Konfitüren und Schokolade waren hier einmalig. Man bestellte auch »über die Gasse«. Für Geburtstagsfeste, Jubiläumsfeiern, Hochzeiten, Damenabende, Leichenschmäuse und bei jeder Gelegenheit.

Das Geheimnis des Hauses Sprüngli war, daß eigentlich nie etwas geändert wurde. Im wesentlichen wird dort heute noch so gebakken und gekocht, wie es in den handgeschriebenen Rezeptbüchern der Firmengründer steht. Die Rezeptbücher werden sorgfältig gehütet. Eines liegt sogar in einem Banksafe.

Daß die Bahnhofstraße zur Zürcher Pracht- und Paradestraße wurde, sah niemand voraus. Einer Verlängerung bis zum See stand ein großes Hindernis im Wege. Mitten auf der Kreuzung Bahnhofstraße/Börsenstraße lag ein Moränenhügel, auf dem sich als letzter aufragender Zahn aus der Reihe der linksufrigen Befestigungstürme der »Kratz« erhob: »Eine nicht gar schöne, aber romantische Wohnung für Fledermäuse und gewisse Frauenzimmer, die es schwer haben, ein heimliches Stübchen zu finden.« Die ganze Anlage mit einem beliebten Aussichtsrestaurant wurde »Baugarten« genannt.

Der aufmerksame Wirt, ein beliebter Causeur, bekannter Taubenzüchter und brillanter Küchenmeister, war der Vater des späteren Heimatdichters Ernst Zahn. Der Terrassengar-

ten wartete an hellen Sonntagen mit Nachmittagskonzerten zürcherischer und süddeutscher Musikkapellen auf. Höhepunkt des Jahres war die Eidgenössische Bundesfeier am 1. August mit farbiger Illumination und dem Fahnenschmuck aller Kantone.

Hier traf sich die vornehme »Baugarten-Gesellschaft« mit ihren Freunden, von Alfred Escher über Gottfried Keller bis zu Gottfried Semper. Doch da tauchte das Börsenprojekt auf. Die Börse sollte in das »Baugarten«-Areal hineingestellt werden, und es bestand Gefahr, daß eine dafür bestimmte private Schenkung von 500 000 Franken dahinfallen könnte, wenn die gewünschte Frist nicht eingehalten würde. Alles Lamento der »Baugarten«-Gesellschaft nützte nichts. Die Stimmbürger entschieden sich für den Bau der Straße. Im Frühling 1877 wurde begonnen, den »Baugarten« abzubrechen. Die dadurch entwurzelte Gesellschaft verlor bald den Zusammenhang, sie wurde jedoch erst 1904 vom letzten noch lebenden Vorstandsmitglied aufgelöst.

Das Haus »Tiefenhöfe« am Paradeplatz, 1859, der erste Zürcher Geschäftsbau. In ihn zog die Confiserie »Sprüngli« ein.

Paradeplatz, Droschkenstation und »Tiefenhöfe«-Gebäude mit »Sprüngli«, 1885.

Die Conditorei »Sprüngli«, um 1878, vor der Verlängerung der Bahnhofstraße bis zum See.

Am Paradeplatz, um 1914.

Conditorei und Café »Sprüngli« an der Bahnhofstraße, um 1920.

Straßenbahnwartehalle am Paradeplatz, um 1920.

Restaurant »Baugarten« am Kratzturm, der der Verlängerung der Bahnhofstraße bis 1877 im Wege stand. Rechts im Hintergrund das 1844 eröffnete
»Baur au Lac«. Zeichnung aus dem Jahr 1871.

Kratzturm und »Baugarten«. Links im Hintergrund die Bahnhofstraße. Aufnahme von Joh. Ganz aus dem Jahr 1878.

WEISSER WIND

Oderdorfstraße 20

Der »Wind«, das größte Wirtshaus im Oberdorf, gehört zu den ältesten erhaltenen Häusern auf »Dorf«, wie das Außenquartier hieß,
bis es im 13. Jahrhundert in die Stadtmauer
einbezogen wurde. Als Zunfthaus der »Weg-
gen«-Zunft, der einstigen Bäckerinnung, und
als beliebtes Kneiplokal verschiedener Bur-
schenschaften genießt es den Ruf, Sitz der
Tradition und der Intelligenz zu sein, was ihm
eine kulturbewußte, intellektuelle »Gastig« si-
chert. Doch der Name »Weisser Wind« ist so
abstrakt wie etwa das »blaue Wunder« oder
der »blanke Neid«. Wer macht sich da tief-
schürfende etymologische Gedanken? Dabei
zeigt das Wirtshausschild, was ursprünglich
gemeint war: einen weißen Windhund, heral-
disches Zeichen für Vornehmheit, vermutlich
auf den Ritter Johannes Schwend abzielend,
der in den Jahren 1441/42 Bürgermeister war
und das Haus erbaute.

Nach ihm ging es in kirchliche Hände über
und wurde die Pründewohnung des Groß-
münsterkaplans, der für den Mauritius-Altar
verantwortlich war. Der Heilige Mauritius –
Namensgeber für das Walliser Kloster Saint
Maurice – war derjenige Anführer der römischen Legion, der dem Zürcher Stadtheiligen
den Rat gab, heimlich zu fliehen, da ihnen als
Christen der Tod sonst gewiß sei. In der
Krypta des Großmünsters, wo die enthaupte-
ten Märtyrer angeblich begraben lagen, wurde
der Mauritius-Altar errichtet, ein bedeutendes
Pilgerziel.

Bei einer großen Renovation soll das Haus
im Jahr 1578 den heutigen Namen erhalten
haben, der die ursprüngliche Bezeichnung
»Zum Hering« ersetzte. In privaten Besitz
übergegangen, beherbergte es bedeutende Ge-
schlechter des alten Zürich: die Werdmüller,
Escher, Lavater und Hottinger.

Restaurant »Weisser Wind«. Das historische Haus in einer neueren Aufnahme, Mai 1985.

Die heutige Bestimmung der Liegenschaft
als Gaststätte geht bis 1855 zurück, als der
Küfer Rudolf Kohler eine kleine Brauerei zum
Bierausschank in der eigenen Wirtschaft ein-
richtete. Von da an blieb die Liegenschaft in
Brauereihänden; 1873 ging sie in den Besitz der
Brauerei am Uetliberg und nach der Fusion mit
der Brauerei Hürlimann 1923 an diese über.

In dieser Zeit wurde das Haus vollständig
renoviert und Zürichs bester Schriftengrafiker,
Walter Käch, mit der Hausbeschriftung und
der Neugestaltung des Wirtshausschildes beauftragt. Käch war mit vielen Künstlern der
damaligen Avantgarde Stammgast im »Wind«,
dem seine Schüler und Verehrer noch heute die
Treue halten.

Hochzeitsgesellschaft in der Wirtsstube des »Weissen Windes«, April 1908.

Der »Zürcherhof«, um 1895.

ZUR GOLDENEN KRONE / ZÜRCHERHOF

Limmatquai 4

»Ein zwar wenig schönes, aber ungemein solid gebautes Gasthaus erhebt sich neuerdings an der Stelle des ehemaligen Einsiedlerhofs. Unsere alten, schiefwinkligen, häßlichen, unregelmäßigen Hotels (gemeint waren der »Storchen« und das »Schwert«) mit ihren kleinen Winkeltreppchen und labyrinthischen Gängen werden daher bald den reisenden Fremden nicht mehr so einladend erscheinen, als dies bisher der Fall sein mußte«, kommentierte 1837 der aus Halle an der Saale stammende Carl von Ehrenberg, Lehrer der Baukunst an der Zürcher Universität. Recht hatte er: Die bisherigen Gasthöfe waren alle nicht zu diesem Zweck gebaut worden. Sie gingen aus einstigen Wohnbauten hervor, im Laufe der Zeit durch Umbauten, Anbauten oder durch Einbeziehung eines Nachbarhauses erweitert. Nicht unbestritten war Ehrenbergs ästhetisches Urteil. Hatte ihn das Neue, vielleicht etwas Maßlose schockiert? Zeitgenossen bezeichneten die »Krone« zwar als »unheimlich hoch«, aber in architektonischer Hinsicht als bemerkenswert. Dabei streiten sich die Fachleute heute noch, ob das Gebäude von Daniel Pfister oder Hans Conrad Stadler stammte. Beide waren ausgewiesene Architekten des ausgehenden Klassizismus.

Eine genauere Beschreibung des Neubaus gab der Zürcher Industrieschule-Professor Gottfried von Escher 1839 in seinem »Almanach für Einheimische und Fremde«: »Das Gebäude der ›Goldenen Krone‹ ist nach allen vier Seiten fast ganz freistehend, die Hauptfassade und die Südseite haben die Aussicht nach der Limmat, dem See und den Alpen, die Nordseite auf das belebteste Quartier der Stadt.« Nach dieser äußeren Betrachtung geht Escher auf den Blickwinkel des Gastes ein: »Im ersten Stock befindet sich die Hauptküche mit ihren Unterabteilungen, die als Muster zweckmäßiger Ordnung gerühmt werden darf. Im zweiten Stock befindet sich ein großer, geschmackvoll dekorierter Saal, für wenigstens 100 Couverts, mit einem großen Balkon. Im ganzen enthält der Gasthof gegen 60 geräumige Schlafzimmer und 10 Salons, fast alle mit schöner Aussicht und geschmackvoll möbliert. Auf dem Dach ist eine Plateforme, auf welcher man die herrlichste Aussicht genießt. Bemerkenswert ist auch das vortrefflich ausgeführte und äußerst bequeme, durch ein Skylight erleuchtete Treppengebäude.«

Anstelle der »Krone« hatte zu Beginn des 16. Jahrhunderts dort ein großes Gebäude gestanden, das dem Johanniterorden gehörte, von diesem 1618 dem Abt von Einsiedeln als Sitz für seinen Zürcher Amtmann verkauft wurde und 1835 der Verbreiterung des Limmatquais weichen mußte. 1837 entstand unter dem Gastwirt Heinrich Leuthold der Neubau »Zur goldenen Krone«. Das sechsgeschossige Gebäude trug auf dem Dach die wegen ihrer Aussicht berühmte Terrasse, über deren Mitte eine Krone aus vergoldeten Eisenstäben prangte.

Die »Krone« galt vielen als Krönung der Zürcher Hotellerie. Der große Speisesaal diente der Regierung für festliche Bankette und feierliche Staatsakte. Als die Zürcher 1851 ihren vor 500 Jahren erfolgten Beitritt zum Bund der Eidgenossen tüchtig feiern wollten, gerieten sie indessen in größte Schwierigkeiten. Denn nur drei Jahre vorher hatte der letzte Krieg in der Schweiz stattgefunden: Der Sonderbundskrieg, der die reformierten und die katholischen Orte entzweite. Der Zürcher Feldzug artete in wüste Plünderungen aus, und es gab einige Tote. Sieger wurden die Reformierten, die Bern und nicht das katholische Luzern zur Bundeshauptstadt erklärten und die Bundesverfassung von 1848 schufen, die als Grundlage des heutigen eidgenössischen Bundesstaates gilt. Als nun die Zürcher die Urkantone zu ihrem Jubiläum 1351–1851 einluden, lehnten die Urkantone dieses Ansinnen ab. Der Urner Landrat schrieb mit diplomatischer Höflichkeit, man könne die Stimmung, welche dieses Fest voraussetze, nicht mitbringen, und das Volk von Uri könnte durch die Teilnahme seiner Regierung unangenehm berührt werden. Das war richtig empfunden, für die unbedachten Zürcher aber ein Schlag ins Gesicht. Zum Glück hatten sie direkt anschließend an die Jubiläumsfeierlichkeiten ein Eidgenössisches Ehr- und Freischießen vorbereitet, das nun den »allzustraff gespannten Bogen« etwas entspannte. Etwa hundert Schützen kamen aus Uri, Schwyz und Unterwalden. Sie wurden »mit Musik empfangen, mit Jubel begrüßt, gehörig fêtiert, natürlich im feinsten Hotel, der ›Goldenen Krone‹, einquartiert und am Morgen mit Fahnen und freudigen Klängen zum Festplatz eskortiert«. Der Festredner, der kunstbegabte Metzgermeister Heinrich Cramer, schloß seine Ansprache mit einem versöhnlichen Blick auf die Innerschweizer:

Wir können uns wohl zu Zeiten hassen,
aber nie und nimmer voneinander lassen,
und wenn wir auch fortschreiten in der Welt,
so bleibt doch, was uns aufrecht hält,
das weiße Kreuz im roten Grund,
die alte Treue im neuen Bund.

Noch einmal wurden die »lieben, treuen Eidgenossen« zur festlichen Tafel in die »Krone« gebeten. Alles war so herzlich, »daß man sich innig umarmte und gerührt Aufwiedersehen sagte«. Damit war der Bann gebrochen, der die Altgläubigen und Reformierten seit Jahrhunderten getrennt hatte.

Gastwirt zu jener Zeit war ein Johann Ludwig Lang, der das Haus 1860 in »Zürcherhof« umbenannte und zwanzig Jahre später seinem Sohn Louis übergab. In der Zeit um 1865, als es in Zürichs politischer Szene bedrohlich rumorte, war der »Zürcherhof« unter Alfred Escher Stammlokal der liberalen Regierung und ihrer Parteigenossen, während die Radikalen im alten »Schützenhaus« von Tyrannei und Volksverrat schwatzten. Zu den Liberalen gehörte auch Gottfried Keller. Als 1881 in Zürich die erste »Schweizerische Landesausstellung« durchgeführt wurde, empfahl er seinem Wiener Freund, im Hotel »Zürcherhof« oder im Hotel »Belle-Vue« zu logieren, wo er ihm – obschon die Gasthöfe überfüllt waren – gerne ein Zimmer und nicht nur ein Feldbett reservieren wolle.

1908 wurde der »Zürcherhof« aufgegeben und durch einen umgreifenden Umbau in ein Geschäftshaus verwandelt, dessen alter Kubus sich aber weitgehend erhalten hat. Später wurde im Parterre vorübergehend eine Tanzbar eingerichtet, die während des Ersten Weltkrieges »Fledermaus« hieß und als »Rendez-vous

Speisesaal im »Zürcherhof«, einst »Goldene Krone«, um 1890.

internationaler Spione, Schieber und ihrer appetitlichen kleinen Bestien« galt. So wenigstens schrieb Lujo Bassermann in seinem Kompendium »Das älteste Gewerbe«. Doch Zürichs »Flattermäuse« flogen bald wieder aus. Sie müssen damals eine ganze Adressenliste besessen haben, in der die Bahnhofstraße als »Schieber- und Wyberallee mit einschlägigen Lokalen« ganz oben stand.

Ein unangenehmer Gruß aus dem »Kropf« von Herrn D. an Herrn J. S. in W., den der Empfänger aber postwendend zurückgehen ließ.

Plakat der Bierhalle »Zum Kropf« von Hermann R. Seifert aus dem Jahr 1917.

BIERHALLE ZUM KROPF

In Gassen 16

Seit über 100 Jahren ist der »Kropf« Zürichs bekanntestes und populärstes Bierhaus. Der merkwürdige Name soll auf die Spottbezeichnung eines einstigen Besitzers zurückgehen. Bis 1887 beherbergte das Haus einen kleinen Laden für Seidenstoffe. Dann kaufte es der Gastwirt Heinrich Toggweiler und richtete eine »original ächte Münchner Bierhalle« ein. Um seine Schenke wirklich »ächt« zu machen, reiste er an die Isar, klapperte alles ab, was nach Biergemütlichkeit roch, schloß mit Hackerbräu einen Exklusivvertrag und importierte für den Service ein halbes Dutzend waschechte Münchner Madln.

Für die Innenausstattung engagierte er den renommierten Kunst-, Theater- und Dekorationsmaler Alexander Soldenhoff, der hier seine ganze Virtuosität ausspielte. Natürlich war dieser Kraftakt nicht für die Ewigkeit gedacht, und der gute Soldenhoff würde im Grab rotieren, wenn er erfahren könnte, daß seine Bierhausdekoration heute unter Denkmalschutz steht: letzter Zeuge jenes »Bajuwarischen Bierhallen-Barock«, der als Gegenbewegung den Jugendstil auslöste.

In der Haupthalle feierte diese Theatralik ihren schönsten Triumph: Über der Wandtäfelung zieht sich ein üppiger Puttenfries hin. Die molligen Nackedeis musizieren, schenken Bier aus, helfen bei der Weizenernte, schleppen einen erbeuteten Auerhahn herbei und fesseln mit Stricken ein grunzendes Wildschwein. Als Übergang vom Puttenreigen zur bunt verglasten Decke reihen sich wappenähnliche Gebilde seltsamen Inhaltes. Es sind weder die üblichen Zeichen der Zünfte noch die Enbleme der damaligen Gemeinden, sie zeigen, welche Köstlichkeiten dem Gast zu Gebote standen: Schildkröte mit Knoblauch, Hase und Rettich, Rind und Karotten, Froschschenkel und Hammel mit Pilzen, dazu Wild und Geflügel.

Ein gern gesehener Gast war Gottfried Keller, der sich hier in seinen letzten Monaten an seine leidige Münchner- und Fahnenanstreicherzeit erinnerte. Gewiß, Soldenhoff war nicht sein Mann, aber er hatte ihn am Aktientheater kennengelernt, wo andere Maßstäbe galten. Nach Kellers Tod im Sommer 1890

Seiteneingang zur Bierhalle »Kropf«.

In der Bierhalle »Zum Kropf« nach der Renovation durch die Denkmalpflege.

trafen sich in der Bierhalle »Zum Kropf« seine Freunde – die Maler Arnold Böcklin, Rudolf Koller und der Bildhauer Richard Kissling –, um wenigstens die schönen alten Trinksitten nicht aussterben zu lassen.

»Ein neuer Kopf ist auf dem ›Kropf‹«, hieß es von 1895 an. Und zwar immer wieder. Auch das Bier wechselte, von Hackerbräu zu Rheinfelder, Salmen und Cardinal. Kleine Umbauten und die Totalrenovierung zu Beginn der achtziger Jahre wurden mit aller Behutsamkeit vorgenommen, um den Geist des Hauses nicht zu verscheuchen, die alte Bierhallenromantik mit Putten, Wappen und Laubgewinde. Ein gastronomisches Denkmal, das über Kunst und Kitsch, Gunst und Vergänglichkeit nachdenken läßt.

CAFÉ DU NORD

Bahnhofplatz

Vom Ruhm des Bahnhofplatzes zehrte auch das Terrassenrestaurant »Café du Nord«. Als pavillonartiger Anbau war es schon in den sechziger Jahren dem Wohnhaus Waisenhausgasse 8 vorgelegt worden. Zwar rühmte es sich einer ungehinderten Rundsicht auf den immer belebten Bahnhofplatz, aber böse Zungen nannten es »Café Nordpol« und Zürichs »zügigstes Etablissement«. Besonders im Winter hatte der »Du Nord«-Wirt J. Huber seine liebe Not: Wenn das Thermometer fiel, sank auch der Bierkonsum, sehr zum Ärger der damaligen Bierbrauerei am Uetliberg, welcher die Liegenschaft gehörte.

Schließlich entschloß man sich zu einem Neubau, mit dem Adolf Asper beauftragt wurde. Im Winter 1894/95 wurde der Baukörper ausgesteckt und im kommenden Frühling der alte Komplex abgetragen. Zwei Jahre darauf wurde das »Grand Café Restaurant Du Nord« eröffnet. Es galt fortan als eine Art private Bahnhofswirtschaft. Der Neubau war in Größe und Form dem schon 1893 erbauten Nachbarhaus angepaßt worden, aber über seine Schönheit waren die Ansichten geteilt. »Dieser typische Prunkbau aus den neunziger Jahren mußte ja jedermann auffallen mit seinem Maximum an architektonischem Aufwand, mit seiner Überfülle und seinem plastischen ›Schmuck‹«, urteilte das rote »Volksrecht« 1932. Ein Schuß Ablehnung ward dabei nicht zu überhören. Heute tönt es anders: Das »Du Nord« »mit kräftig durchgestalteter Fassade und lebhaften Dachaufbauten« gehört zu den schützenswerten Bauten Zürichs.

Blick vom Hotel »Habis« auf den Bahnhofsplatz mit dem »Du Nord«, um 1912.

HOTEL CENTRAL PLAZA

Central

Wenn der gute, alte Tramkondukteur – die Stadt hat ihn inzwischen eingespart – über die Bahnhofbrücke oder vom Limmatquai her als nächste Haltestelle den Leonhardsplatz ausrief, glaubten viele Fahrgäste, nicht richtig gehört zu haben: Seit wann und wo gibt's denn in Zürich einen Leonhardsplatz? Bei einem Radio-Quiz wußten selbst ein paar Herren Gemeinderäte mit diesem seltsamen Künstler oder Heiligen namens Leonhard nichts anzufangen. Seit Menschengedenken nannte der Normalzürcher die chaotische Verwicklung von sieben oder acht Straßen, sich überschneidenden Autospuren und zu langen Tramzügen kurz und bündig »Central«. Dies wußte auch die städtische Straßenbenennungskommission, worauf sie sich eines schönen Tages der Realität beugte. 1950 wurden die blauen Straßentafeln »Leonhardsplatz« gegen »Central« ausgetauscht.

Das beharrliche Zögern der Kommission ist verständlich, wenn man bedenkt, daß der Platz zur Zeit der Eröffnung des Hotels gar nicht ›zentral‹, sondern weitab von Zürichs City lag: am untersten Ende der alten Stadt, außerhalb der einstigen Stadtmauer und des Niederdorftors.

Eingeweiht wurde das stattliche »Hotel Central«, das dem vorgelagerten Platz den Namen gab, wenige Tage vor Eröffnung der »Schweizerischen Landesausstellung 1883«. »En face de la gare et de l'exposition« waren die »angenehmen 100 Zimmer« vom ersten Tag an ausgebucht. »Geschäftsreisende, Kaufleute und Touristen«, rühmte man schon 1896, »frequentierten das Haus in hohem Maße, und Würdenträger aus allen Ländern sind hier in den vergangenen 13 Jahren ein und aus gegangen: zwei Bischöfe, der Beichtvater des russi-

schen Zaren, vier Grafen, der ungarische Ministersekretär und Wilhelm Liebknecht, der Führer der deutschen Sozialdemokratie.

Bei allem Komfort waren die Preise moderat: Im Mai und Juni ermäßigte Konditionen, für Handelsreisende reduzierter Spezialtarif.

Trotzdem wechselten die ersten Direktoren schnell, bis 1909 die Hotelierfamilie Elwert das Haus kaufte. Besonders unter der Leitung von Edi Elwert, der von 1919 bis in die siebziger Jahre das Szepter führte, galt das Haus als Inbegriff der gepflegten Gemütlichkeit. »Modischen Veränderungen war er stets abhold. Er besaß ein untrügliches Flair für echte Gastlichkeit und wohltuende Ambiance. Er kannte seine Gäste beim Namen und zögerte nicht, sie bei Gelegenheit an den ›Patrontisch‹ im Rittersaal einzuladen.« Woher der Rittersaal, in dem weder alte Rüstungen noch Lanzen und Wappen zu sehen waren, seinen Namen hatte, weiß niemand mehr. Er hieß so, und es wäre unhöflich gewesen, ihn anders zu nennen.

Ein beliebter Treffpunkt war die »Central-Bar«. Für den wortpräzisen Lyriker Fridolin Tschudi, der aus Banalitäten Poesie machte, wurde sie zum facettenreichen Spiegel der physisch und psychisch gestreßten Scheinwelt:

Es glitzern Augen und Kristall
es riecht nach Zigaretten,
nach Gin, Parfum und Sündenfall
White Label und Manhattan.

Das Angelsächsische floriert
und glattrasierte Männer
entpuppen sich, darin versiert,
als wahre Whisky-Kenner.

Der Barstuhl wird zum Beichtgestühl
die Barmaid zur Vertrauten.
Ihr offenbart man mit Gefühl
die Dinge, die sich stauten.

Sie lauscht und gibt aus Mitleid schon
und andrer Gründe wegen
uns ihre Absolution . . .
Ist nicht die Bar ein Segen?

Hotel »Central« von der Bahnhofbrücke aus, um 1915.

Doch eines Tages sah man ein, daß das bauliche Konzept des Hauses nicht mehr den heutigen Ansprüchen gerecht wurde. 1982 wurde das »Central« völlig ausgehöhlt und mit ganz neuen Innereien wieder eröffnet. Das Richtfest wurde 100 Jahre nach der einstigen Eröffnung am 10. Juni 1983 im Hof des Landesmuseums gefeiert. Im September war das Haus wieder bezugsfertig.

Das Hotel »Central«, das dem einstigen Leonhardsplatz den Namen gab, 1928.

Blick aus dem Hotel »Central« auf das Limmatquai, um 1925.

HOTEL WANNER
Bahnhofstraße 80

Ein solides Familienhotel war das »Wanner«, drei Minuten vom Bahnhof, stadtbekannt schon um die Jahrhundertwende durch Zürichs größte Außenwerbung: Die ganze Rückwand des Hauses warb für lebende Fische, Hors d'œuvres und die hauseigene Weinstube.

Doch bei allem Unternehmergeist stand über dem Haus, 1874 vom jungen Heinrich Wanner als erstes »Hotel Garni« gegründet, kein guter Stern. Der kunst- und musikliebende Hotelier verlebte seine letzten sieben Jahre im Rollstuhl. Als er 1889 starb, übernahm sein Sohn gleichen Namens das Haus. In Frankreich, Italien und England hatte er sich die nötigen Sprach- und Fachkenntnisse geholt. Geschätzt wurde er in der Stadt als Träger von Heldenrollen im »Dramatischen Verein« und als passionierter Sammler von Stadtansichten und Stichen, von denen die schönsten in der Weinstube und in den Gästezimmern hingen. Doch schon ein Jahr nach des Vaters Tod zeigten sich die Anfänge einer heimtückischen Krankheit, der der Junior, gänzlich ans Bett gefesselt, im September 1902 erlag, noch nicht 42jährig. »War das ein guter Mann!« waren die letzten Worte seines Nekrologs in der »Zürcher Wochenchronik«.

Nun übernahm der Aargauer Joseph Adam Keller das Haus. »Jeder Wechsel ist eine Chance«, sagte er sich und forcierte die Auslandswerbung. Dies zeigte eine Annonce im Wiener Europa-Reiseführer 1912: »Neu und komfortabel eingerichtetes gutes Familienhaus. Zentralheizung, Elektr. Licht. Lift. Feine Küche und Keller. Aufmerksame Bedienung. Kein Eßzwang. Zimmer von Fr. 2.50 an. Portier am Bahnhof!«

Kellers Gäste sprachen bald alle Sprachen Europas und nur wenige Schweizerdeutsch. Das rächte sich. Von Beginn des Ersten Welt-

Das Hotel Garni »Wanner« an der Bahnhofstraße mit der umstrittenen Riesenreklame auf der Rückseite, um 1895.

krieges an blieben die Gäste aus, und Ende 1916 schloß das »Wanner« für immer. Joseph Keller übernahm das Restaurant »Palmhof« in Oberstraß, das von Professoren und Studenten der nahen Hochschulen frequentiert wurde.

Vom guten alten »Wanner« ist nur unsere Aufnahme der gigantischen Fassadenreklame geblieben, von den Zürchern oft diskutiert, dann aber akzeptiert als Werbung für Zürich, das auch dem weniger betuchten Touristen einiges zu bieten hätte. Zwar galt die Stadt seit dem Bau der Quaianlagen als die prachtvollste der Schweiz, aber in der Besucherstatistik stand sie dem von den Engländern über-schwemmten Luzern noch um einiges nach. Ein verbreiteter Werbeslogan lautete damals:

Was willst Du in Luzern?
Ich habe Zürich gern!

Die gedeckte Holzbrücke über den kleinen Limmatarm neben der Papierwerd-Insel, 1890.

Hotel Romer und Restaurant-Bierhalle Du Pont

Beatenplatz

Fragen Sie bei einem Stadtbummel einmal einen Eingeborenen nach dem Beatenplatz oder dem »Du Pont«. Wenn er noch so ortskundig ist, da hören seine Lokalkenntnisse auf: »Beatenplatz, Beatenplatz? Auch schon gehört, aber wo der wirklich ist? Bedaure!« Würden Sie sich nach dem »Gedeckten Brüggli« erkundigen, wären Sie schon näher am Ziel: »Kein Problem, aber da kommen Sie sicher zwanzig oder mehr Jahre zu spät. Längst abgebrochen, ich habe es selber noch gesehen. Von der Globusinsel, das heißt wo einst das Warenhaus ›Globus‹ stand, führte es über einen Nebenarm der Limmat beim legendären Maronibrater vorbei auf die andere Seite.«

Genau diese andere Seite, nämlich der baum- und autobestandene Platz neben dem finsteren Amtshaus II, das ist der Beatenplatz.

Wer heute vom rechten Limmatufer über den neuen, namenlosen Steg kommt, sieht sich bald vor einer Kettenabschrankung. Schließlich sucht er nach einem Zebrastreifen über die vielbefahrene Absenkung zur Bahnhofquai-Autounterführung. Ist auch diese überquert, steht er beim Restaurant »Du Pont«, eine andere Adresse gibt es am Beatenplatz nicht, außer am unteren Ende des Platzes, wo er sich beim »EWZ« über Stromsparlampen, Heizkissen, Kühlschränke und Halogenbeleuchtung informieren kann.

Dem Beatenplatz unserer Großväter wurde schon oft nachgetrauert, so von jenem »hg« im Sommer 1962 im »Tagesanzeiger«: »Manchmal greift man sich unwillkürlich an den Kopf, wenn man sich vergegenwärtigt, welche stürmische Entwicklung einzelne Teile unserer Stadt durchmachen mußten. Ganz besonders hat sich der Beatenplatz innerhalb von etwa sechs Jahrzehnten verändert. Er veranschaulicht deutlich die grundlegende Wandlung des einst so idyllischen Plätzchens. Klotzige Häuser standen dort, wo heute das Elektrizitätswerk seine Räume hat. Das Eckhaus an der Beatengasse war das einstige Restaurant und Hotel Garni »Romer«. Nach Abbruch des Gebäudes übernahm der Wirt das Restaurant an der Ecke Seidengasse/Usteristraße am Löwenplatz. Jakob Romer war ein Unikum in seiner Geschäftsführung. So ging er von der Maxime aus, daß kleine Geschenke die Freundschaft heben. Ganz besonders hatte er die Dienstmänner und die Droschkiers in sein Herz geschlossen; sie waren die Fremdenführer, die auswärtigen Gästen den Weg zu einem gutgeführten Restaurant zeigten. Romer gab jedem beim Abschiednehmen persönlich die Hand und drückte ihm gleichzeitig diskret einen Gratisstumpen zwischen die Finger. Wenn man einen dieser dienstbaren Geister suchte, fand man ganz sicher einige davon bei Romer.

Das Hotel »Romer« an der Seidengasse, um 1905.

Restaurant-Bierhalle »Du Pont« bei der gedeckten Brücke Ecke Beatenplatz/Bahnhofquai, 12. Februar 1939.

124

Plakat des »Du Pont« von Otto Baumberger aus dem Jahr 1913.

Um den ganzen Platz herum gab es übrigens noch Wirtschaften genug: Außer den beiden genannten war da noch das Hotel »Merkur«, das Hotel »Post und Stadthof«; an der Schweizergasse standen zwei Lokale. Auf dem Platz, wo heute das »Du Pont« steht, war noch das alte »Schützenhaus«, in dem der weiterum bekannte Schaggi Ehrensberger-Wintsch wirtete. An Gelegenheit, den Durst zu löschen, war also kein Mangel.«

Wer heute im gemütlich-bewährten »Du Pont« ein kühles Hürlimann-Bier heben will, nach der Speisekarte verlangt und sich bei dieser Gelegenheit nach der Herkunft des Lokalnamens erkundigt, kommt sich zunächst vor wie Johann Peter Hebels »Kannitverstan«. Schließlich kommt man mit der Serviererin auf das große, gerahmte Foto an der Wand zu sprechen: Eine alte Holzbrücke mit Ziegeldach; an der Unterseite schwungvoll gerundet wie das Vordach eines Emmentaler Bauernhauses, überspringt ein Stück Wasser ohne genaue Geographie – ein Lehrstück zu jener genialen Rheinbrücke des Appenzeller Baumeisters Grubenmann, die die französische Befreiungsarmee unbarmherzig abbrannte? Daß dieser gemütliche Biedermeiersteg bis zum Frühling 1950 vor der Türe des »Du Pont« lag, macht das Erstaunen der Serviererin voll: »Das hat mir noch niemand erklärt! Bei uns verkehren doch alte Offiziere, ergraute Ex-Studenten und über Mittag vor allem stadtkundiges Büropersonal, auch vom Verkehrsverein nebenan.« Das »Du Pont« wurde 1913 als vornehmes Bier- und Speiselokal eröffnet, als die kleine, nostalgische Brücke über einen heute längst aufgehobenen Seitenarm der Limmat noch eine stadtbekannte Sehenswürdigkeit war. Sie gab dem Restaurant den Namen: Französisch macht sich in der Branche immer gut.

Das einstige Bade- und Bierhaus »Drahtschmidli«, um 1910.

DRAHTSCHMIDLI

Wasserwerkstraße 21

Ob das »Drahtschmidli«, an der Limmat gegenüber der Spitze der Platzspitzanlagen gelegen, wirklich einmal eine Drahtschmiede war, entzieht sich jeder historischen Kenntnis. Schon 1280 als Gesundbrunnen erwähnt, er-

hielt es die Anerkennung als Heilbad erst 1772. Fröhlich muß es dort schon immer zugegangen sein, bis sich das Auge des Gesetzes diesen Vergnügungsort etwas genauer unter die Lupe nahm. 1802 ist in den Verhörrichterakten von verdächtigen Gästezimmern und stadtbekannten Frauenzimmern die Rede, die ihre Angeln im Tanzsaal auswarfen. Wenn der geschäftstüchtige Wirt zu einem gemütlichen Fischessen einlud, ging es nicht immer um frische Forellen.

Ein handfester Ehestreit zwischen dem Badwirt Liebermann, seiner Frau Margaretha und dem Schwiegervater Wydler vergiftete die Kuratmosphäre, bis der Wirt starb und die Witwe um 1810 Konkurs machte. Schon damals sei zu den Trinkkuren gegen Unwohlsein, Krätze, Gliedersucht und Schwindsucht neben Heilwasser vor allem eigenes Bier verschrieben worden. 1855 übernahm der gelernte Braumeister Haller das Haus, legte einen Biergarten an und hatte enormen Zulauf. Die Wirtschaft wurde wegen ihrer lieblichen Lage direkt am Wasser ein gerne besuchter Ausflugsort. Schon 1842 hatte der Rat eine kleine Fähre bewilligt, die vom Platzspitz zum »Drahtschmidli« hinüberführte. Am strahlenden Pfingstsonntag 1861 riß das Fährseil, und das Boot kenterte. Zum Glück konnten alle Frauen gerettet werden; in ihren damals modischen Krinolinen schwammen sie wie Lampenschirme auf dem Wasser. Die Männer dagegen ertranken alle elendig.

Für die Landesausstellung 1883, die auf dem Platzspitz stattfand, wurde die Fähre durch einen Steg ersetzt. Ein eingewanderter Deutscher hatte die Brauereiwirtschaft übernommen. Ihm folgte der Zürcher Gustav Steuble, der auch nicht viel Glück hatte. Beim Bau der rechtsufrigen Zürichseebahn im Jahre 1892 mußte unmittelbar beim »Drahtschmidli« ein Tunnel gesprengt werden. Durch die Erschütterung trübte sich angeblich das Bier in den Lagerkellern und wurde unverkäuflich, was zu einem langen Prozeß führte. Zwar wurde die Wirtschaft noch bis zum Zweiten Weltkrieg weitergeführt, aber ohne großen Erfolg.

Heute ist das »Drahtschmidli« nach Teilabbruch und Neubau das »Jugendhaus« des städtischen Sozialamtes.

Das vom »Dolder«-Spekulanten J. Hürlimann 1888–89 erbaute Schauspielhaus.

METROPOL

Börsenstraße

Am »Pfauen«, wo heute das Schauspielhaus steht, eröffnete um 1866 »ein junger Deutscher von auffallend lebendigem Wesen, mit einem Haarwuchs von Künstlerart und freundlich-intelligentem Blick« einen bayerischen Biergarten. Die Idee war neu, und Eduard Krug verstand seine Sache. »Manche deutsche Herren Professoren, die der Weg täglich hier vorbeiführte, konnten nicht umhin, ihrem genial aussehenden Landsmann die Ehre zu erweisen; die Herren Studiosen folgten dem Beispiel, und bald wußte auch der letzte Philister, daß es im ›Kruggarten‹ weiterum das beste Bier gab.«

Doch 1878 brauchte die alte »Tonhalle« einen neuen Wirt. Herr Eduard, wie ihn

Stammgäste nannten, richtete dort den »Palmengarten« ein und wurde während der Landesausstellung 1883 zum Inbegriff schweizerischer Gastfreundlichkeit und gediegener Tafelfreuden. Dann hatte er genug von den hohen Herren und den tiefen Bücklingen. Als Papa Krug stand er bald da, bald dort hinter der Theke: Für zehn Jahre in der »Blauen Fahne« mit dem großen Biergarten, wo heute das Berichthaus steht, dann im »Pfauentheater«, wo er einst begonnen hatte. Das »Bauschänzli« wandelte er zum Wirtschaftsgarten um. 1904 wollte er nochmals hoch hinaus. Er übernahm das »Metropol« an der Börsenstraße. 1893–95 erbaut, hatte das »Metro« »die Ära der großen Geschäftshäuser in Zürich eröffnet«. Es faszinierte durch den künstlerischen Reichtum seiner Rokoko-Dekorationen und durch seine bedeutende städtebauliche Wirkung. Doch von der außergewöhnlich rei-

Sommerrestaurant und Biergarten des »Metropol«-Wirts Eduard Krug auf der Limmatinsel »Bauschänzli«, 1904.

128

Café-Restaurant im »Metropol«, 1901.

KAISER'S REBLAUBE

St. Peterhofstatt 5

Zürichs anmutigster Platz, ein kleiner Burghof Gottes im ältesten Stadtkern, ist die Peterhofstatt zu Füßen der Kirche St. Peter. Als älteste Stadtkirche steht St. Peter auf den Trümmern einer römischen Kultstätte. Berühmt ist die Turmuhr aus dem 16. Jahrhundert mit den größten Zifferblättern Europas, nach der sich die ganze Stadt richten mußte.

Verehrer des einstigen Pfarrers J. C. Lavater, die heute freilich seltener sind als in seiner himmelstürmenden Zeit, besuchen neben der Kirchentür seinen Grabstein und betrachten den bronzenen Brunnen, wo der geistergläubige Prediger, Physiognom und Freiheitskämpfer von einem Marodeur der Franzosenzeit erschossen wurde.

Schon nicht mehr auf dem Kirchplatz, eher wie eine in den Hintergrund der Glockengasse gemalte Theaterkulisse erhebt sich die hochgiebelige, mit einer Goethe-Freske geschmückte »Große Reblaube«: »In diesem Hause weilte Goethe mit Herzog Karl August von Weimar bei Joh. Caspar Lavater im Jahr 1779«.

Nach Lavaters Umzug ins nahe Pfarrhaus wurde in der »Reblaube« eine Weinstube eingerichtet. Heute ist sie als stilvolles Speiserestaurant »Kaiser's Reblaube« bekannt. Den majestätischen Zunamen erhielt das Haus von Hermann Kaiser, der 1920 mit seiner Gattin einzog und der kleinen Weinstube einen bedeutungsvollen Anstrich gab. Er muß ein begnadeter Koch und seltener Weinkenner gewesen sein. 1925 ließ er »Kaiser's Reblaube mit Goethestübli« vom Kunstmaler Willi Hartung mit einem Sgraffitoverputz und allerlei Bilderschmuck versehen. Sein treuer Gast Willi Bierbaum, Lokalredaktor an der »Neuen Zürcher Zeitung«, schrieb ihm den passenden Fassadenspruch:

chen Innenausstattung, von den Billard- und Spielsälen in »maurisch-orientalischem Stil«, vom Parterre-Café in hervorragendem Neurokoko und dem hier abgebildeten Kuppelspeisesaal im Stil englischer Renaissance ist heute nichts mehr vorhanden. Der Prunk war zu groß und der Umsatz zu klein, trotz Herrn Eduards einnehmender Persönlichkeit. Ebenso der Betrieb der Sommergartenwirtschaft

»Bauschänzli« auf der nahen Limmatinsel war zu wenig lukrativ. Die Gläubiger und der Fiskus machten die hohle Hand. Einige gingen leer aus. Papa Krug hatte beizeiten und mit viel Erfolg ins »Belle-Vue«-Restaurant hinübergewechselt.

Heute beherbergt das außen sorgfältig renovierte und innen barbarisch ausgehöhlte »Metropol« das städtische Finanzamt...

Als große Reblaube bin ich bekannt,
seit Jahrhunderten so benannt.
Hier hat Lavater einst gehaust,
und Goethe hat bei ihm geschmaust.
Karl August ging hier ein und aus
und lobte dieses edle Haus.
Das Haus, das solche Gäste sah,
steht alleweil noch gastlich da.
Es war ein Heim und Himmel allen,
es wird auch dir darin gefallen.

Einen weiteren Vers hatte der Wirt von Goethes Haus am Weimarer Frauenplan entliehen:

Warum stehen Sie davor?
Ist nicht die Türe da und Tor?
Kämen Sie getrost herein,
Würden wohl empfangen sein!

Die kaiserliche »Reblaube« hält auch heute, was die Inschriften versprechen. Besonders das »Goethe-Stübli« im Obergeschoß, wo der Gast in kleiner Gesellschaft bei einem guten Glas den Geist des Hauses genießt.

»Kaiser's Reblaube«, in dem Goethe einst bei Lavater wohnte, um 1930.

Biergarten »Strohhof«, 1912.

BIERGARTEN STROHHOF

St.-Peter-Straße/Augustinergasse 3

Städte sehen oft anders aus, als ihre Planer dachten. Doch auch die nicht ausgeführten Projekte spiegeln den Zeitgeist. Ein kurioses Stück einer großstädtisch geplanten, nicht vollendeten Geschäftsstraße bildet beispielsweise die St.-Peter-Straße. Nach großem Auftakt an der Bahnhofstraße endet sie nach wenigen Metern am grünen Hügel des Biergartens »Strohhof«. Nicht etwa ins Pianissimo ausklingend, sondern abrupt wie eine zerrissene Partitur...

Die Geschichte dieser falschen Großstadtplanung – eines weltstädtischen, verkehrsfreundlichen Konzepts, wie man damals rühmte – begann eigentlich mit dem französischen Baron und Stadtbaumeister Georges Eugène Haußmann. Von Napoleon III. hatte er um 1850 den Auftrag erhalten, Paris umzugestalten. »Das Umbauen in großem Maßstabe«, wie es 1891 in seinem Nekrolog hieß, »der Durchbruch breiter Straßen, um Barrikaden unmöglich zu machen, die Entfernung des Arbeiterelements aus dem Zentrum an die Peripherie, dies waren die Hauptpunkte des Haußmann vorgeschriebenen und von ihm durchgeführten Programms.« Von der Pariser Weltausstellung 1855 kam die begeisterte Kunde über die neue, glanzvolle Seine-Stadt auch an die Limmat: »eine neue, großartige Metropole mit breiten, langen und eleganten Boulevards, denen sich keine mittelalterlichen Hindernisse mehr in den Weg stellen. Freie Bahn dem Postkutschenverkehr!«

So wurde denn zehn Jahre darauf auch die »Correction« Zürichs beschlossen. Erstes und wesentlichstes Projekt war der St.-Peter-Durchstich, der von der Bahnhofstraße als eine Schlucht zur Gemüsebrücke hinüberführen sollte. Der unvergleichliche Vorplatz der St.-Peter-Kirche wäre dabei verschwunden, und die Kirchgänger hätten den Eingang des Gotteshauses nur noch über einen »schwindelnden Steg« erreicht. Das Projekt scheiterte nicht etwa an der Gegnerschaft der »Ewiggestrigen«, sondern am prohibitiven Preis für den Pfarrgarten. Noch Ende 1884 klagte der »Bürkli-Kalender«: »Der Durchbruch der St.-Peter-Straße hätte der Zirkulation in Zürich neues Leben gegeben. Er hätte die Stadt ein geringes Opfer gekostet, doch nicht einmal dies war erhältlich. In einer späteren Zeit wird Zürich diese Unterlassungssünde mit Millionen büßen und wieder gutmachen müssen; es wird dann mehr als nur der Garten des Herrn Pfarrers zum St. Peter kosten.«

Der Name der heute jedermann geläufigen Garten- und Speisewirtschaft »Strohhof« besteht schon über 700 Jahre und hat mit Stroh nichts zu tun. 1290 übernahm ein Nicolaus Stroumeier, Leibeigener des Klosters Engelberg, von seinem Vater die Liegenschaft, welche dieser als Lehen des Fraumünsters zur Gewinnung von Meßwein mit Reben bestockt hatte. Später bewohnten Ratsherren und Bürgermeister den sonnigen, wonnigen kleinen »Landsitz«, der dazu noch im Schutz der nahen Stadtmauer lag, die sich auf der Flucht der heutigen Bahnhofstraße hinzog. Natürlich ließ sich diese Idylle nicht sehr lange halten. Um 1600 wurde das Anwesen in eine Seidenweberei verwandelt und näherte sich 1801 dem heutigen Zweck durch Umbau in eine Bierbrauerei.

Von 1843 an empfahl sich die Brauerei »Zum Strohhof« als Speisewirtschaft für günstige Mittagsteller und fröhliche Abendgesellschaften. Mit dem Umbau des einstigen Rebhanges zum Biergarten begann die Popularität dieses ländlichen Relikts auf dem teuersten Pflaster der Stadt. Der Gartenlaubenromantik sprachen vor allem die Studenten der nahen Universität reichlich zu, und die Professoren trafen sich zum Abendtrunk.

Die glückliche Rettung dieser Oase ist dem Stadtrat zu verdanken, allerdings nicht aus Weitsicht. Denn die Stadt kaufte den »Strohhof« 1874, um damit den oben erwähnten Durchstich zu realisieren.

Natürlich sind die Herren Räte heute selber Gast in ihrem »Strohhof« und freuen sich mit uns, daß die damalige Planung gründlich schiefging.

Zum grünen Glas

Untere Zäune 15

Die Wirtschaft »Zum grünen Glas«, heute durch ein schmuckes Wirtshausschild aus der Häuserzeile herausgehoben, hieß schon so, bevor darin eine biedermeierliche Wein- und Bierstube eingerichtet wurde. Ihre große Zeit begann, als im November 1834 gegenüber in der einstigen Kirche des Barfüßerklosters Zürichs erste stehende Bühne, das Aktientheater, eröffnet wurde. Anfänglich Liebhaber-Provinz, schwang sich die von der Kirche bekämpfte »Comedie als Fallstrick der Verführung« unter der Direktorin Charlotte Birch-Pfeiffer zu höchst erstaunlichen Leistungen auf. Sie war für die Bühne geboren. Ihr Vater war jener Karlsschüler gewesen, der seinem Kameraden Schiller das Manuskript der »Räuber« vor dem Zugriff der Häscher im Stroh seines Bettes versteckt hatte, und wenn nun die von der Birch-Pfeiffer selber verfaßten Zugstücke auf dem Programm standen, waren die Theater in Zürich, Berlin und Wien ausverkauft.

Wirt im »Grünen Glas« war der aus Gotha entflohene Burschenschafter Johann Gottfried Ludwig, Bruder des Dichters und Shakespeare-Interpreten Otto Ludwig. Bei ihm wurden Premieren und Theatererfolge begossen. Wenn es etwa für den »Falstaff« oder »Auerbachs Keller« große Fässer brauchte, wurden die Requisiten vom »Glas« ins Theater hinübergerollt.

Daneben war Ludwig Fechtlehrer. In der Hinterstube brachte er jungen Schauspielern die elegante Handhabung der Klinge bei, was für Shakespeare-Stücke unerläßlich war. Ludwigs Fechtstunden wurden auch von den Studenten besucht. Doch nicht genug: Der Wirt war ein versierter Lateiner und half manchem bei der Abfassung der Doktorarbeit aus der Patsche. Und wenn einer gelegentlich zu tief in

Das einstige Theaterrestaurant »Zum grünen Glas« an den Unteren Zäunen, um 1923.

der Kreide saß, drückte Papa Ludwig beide Augen zu.

Doch da war ein junger Mann, der mit seinem Peculium offensichtlich sehr haushälterisch umging und abendelang vor einer Halben sitzen konnte. Bei Gelegenheit in ein Gespräch gezogen, gestand er, es sei nicht das Bier, vielmehr der Wirtin Töchterlein Berta, für das er eine Schwäche habe. Im übrigen sei er Physikstudent, eigentlich Holländer, aber am Rhein geboren und nach Zürich gekommen, weil man hier auch ohne Abitur in das Polytechnikum eintreten könne. Doch diese Chance sei nur eine halbe, denn sie schließe für ihn aus, hier auch selber Dozent zu werden.

Der Bursche war dem Wirt nicht unsympathisch, doch so billig wollte er seine einzige Tochter nun doch nicht hergeben. So griff er zum klassischen Satz überrumpelter Hausväter: »Gehen Sie hinaus in die Welt, junger Mann, und kommen Sie wieder, wenn Sie etwas Tüchtiges geworden sind.«

Gesagt, getan! Doch dann kam der Krieg 1870/71, und als der Freier als Dozent an der landwirtschaftlichen Hochschule von Hohenheim zurückkehrte, war der Wirt schon drei Jahre unter der Erde. Geheiratet wurde im Januar 1872 in Utrecht. Man hörte von dem unbekannten Physiker erst wieder, als er Strahlen entdeckt hatte, die auf geheimnisvolle Weise den menschlichen Körper durchdringen: Wilhelm Conrad Röntgen.

Am 2. Januar 1890 war das Zürcher Aktientheater während der Aufführung eines Birch-Pfeiffer-Stückes abgebrannt, und um das Wirtshaus »Zum grünen Glas« war es still geworden. Die Fechtschule wurde in eine Kegelbahn umgebaut, in der die Nachbarn von der Spiegelgasse und vom Leuengäßchen gerne eine ruhige Kugel schoben.

Da wurde auch schon mal gefragt, wie es der fröhlichen Berta als heutiger Frau Professorin denn gehe? Niemand wußte allerdings Genaues. Im Zürcher Einwohneretat von 1897 war sie als »Frau Professorin Berta Rütger (!) v. Apeldorn, Holland, Tochter des Fechtmeisters und Speisewirts Joh. Gottfried Ludwig« aufgeführt. Als sie mit ihrem Mann von 1899 an in München wohnte, erhielt die Frau Geheimrat Röntgen oft Zürcher Besuch, und sie ließ sich gerne vom alten Theater und ihrem Jugendparadies im »Grünen Glas« berichten.

1984 übernahm die Außenquartier-Zunft Riesbach das »Glas«, baute es um und besitzt nun in der Altstadt einen schönen Zunftsitz, der auch als Speisewirtschaft einen guten Namen hat. Stammgäste sind die Damen und

Herren aus dem Obergericht, das in den Gebäuden des einstigen Klosters untergebracht ist. An der Stelle des abgebrannten Theaters und damit direkt vor der Türe der Wirtschaft liegt ein größerer Autoparkplatz, der immer wieder für Passantengäste sorgt.

Uto-Kulm Berghotel
Uetliberg

Der Uetliberg mit seiner charaktervollen Gratlinie ist Zürichs höchstes Wahrzeichen. Schon in prähistorischer Zeit soll ein Stammesfürst der Kelten dort gethront haben, und auch die Mauern und Wälle einer mittelalterlichen Ritterburg konnten ausgemacht werden. Der spätere deutsche König Rudolf von Habsburg soll sie durch eine List selber gebrochen haben. Aber genaue Kenntnis über eine Bezwingung des Gipfels haben wir erst aus dem 16. Jahrhundert, als der kühne Zürcher Pannerherr Lochmann 1567 mit 500 Mann, mit Gewehr und Harnisch, mit zwei Geschützen und einem Pulverwagen in den Hundstagen auf den »Hütliberg« zog. Mehrere erlitten Hitzschläge, zwei Mann starben. Einer davon war Zürichs damals bedeutender Glasscheibenkünstler Großhans Thomann.

In den beiden folgenden Jahrhunderten war es vor allem die Zürcher Jugend – »Buoben und Mädgen« –, die sich jeweils am Himmelfahrtstag in aller Frühe auf den Berg machten, um als erste die Sonne zu begrüßen, die an diesem Morgen in drei Sprüngen aufgehe. Doch dieser heidnische Brauch wurde von der Kirche bekämpft, wobei auch sittliche Bedenken gegen das unkontrollierte nächtliche Abenteuer geäußert wurden.

In der zweiten Hälfte des 19. Jahrhunderts wurde der steile »Uetli« für die beleibten Zürcher Herren mehr und mehr zu einem Trimm-dich-fit!-Parcours, wobei sich ein Bergfax damit brüstete, schon mehr als zweitausendmal auf den »Uto« gestiegen zu sein. 1839 hatte der Wirt Friedrich Beyel auf dem Kulm das erste Gasthaus errichtet: eine Sommerfrische im Berner Oberländer Chaletstil mit viel Laubsägezierat und einigen rustikalen Fremdenzimmern für Molkekuren. Beyels Erfolgsrezept

Auf dem »Uto-Kulm«, um 1865.

lautete: Über längere Zeit dreimal täglich frische Kuh- oder Ziegenmilch. Der Tod sitzt im Darm! Besonders Bleichgesichtigen verschrieb er Eselsmilch. Ein von ihm organisierter Eselsritt auf den Kulm (unter erfahrener Führung) gehörte damals zu Zürichs touristischen Attraktionen.

Im Mai 1875 wurde die Uetlibergbahn eröffnet, als steilste Adhäsionsbahn der Welt ein Wunder der Technik, dem selbst Leuchten der physikalischen Wissenschaft und die französische Exkaiserin Eugenie (mit ihrem Söhnchen Lulu) Bewunderung zollten. Initiant der Bahn war der »in vielen Geschäften geschickte« Kas-

par Fürst, Besitzer des Hotels »Schwert«, Bauunternehmer und Liegenschaftenhändler en gros: »Schön, wenn man am Morgen nicht allzufrüh aufsteht und am Abend doch eine Million verdient hat.« Er baute Beyels pittoreskes Berghaus unter Wahrung des Schweizer Alpenstils zu einem Grandhotel um, dem

Berggasthaus »Uto-Kulm« im Chaletstil, 1882.

»Uto-Kulm«: 150 Fremdenzimmer und »eine Reihe elegant eingerichteter Salons, wie Damen-, Conversations-, Lese- und Billardsalon: 2900 Fuß über Meer – ein klimatischer Luftkurort mit städtischem Confort«.

Aber Fürst hatte sich verspekuliert, seine fürstliche Gast-, Rast- und Maststätte rentierte

sich nicht. Auch sein aus Preußen stammender Schwiegersohn Emil Frohn, dem als großzügiges Hochzeitsgeschenk das Renommierhotel anvertraut wurde, konnte nicht mehr helfen. Am 4. November 1878 ging das hochversicherte Objekt in Flammen auf und brannte bis auf den Weinkeller nieder. Die Versicherung be-

zahlte bedenkenlos, dann flog die Sache auf: Frohn hatte den Defizitärladen auf Geheiß des Schwiegerpapas angezündet...

Das »Kulm« war bald wieder aufgebaut, wechselte mehrmals den Besitzer und wurde schließlich vom Hotelpionier Primus Bon, dem Bruder des »Rigi-First«-Wirts, gepachtet.

*Der Uetliberg war Zürichs meist-
besuchter Ausflugsort, um 1918.*

*Im Dezember 1902 erklomm der
Autopionier Nabholz mit seinem
»Martini« als erster den Uto-
Kulm.*

Auf der Terrasse des »Uto-Kulm«, 1930.

Blick vom Uetliberg auf Zürich, 1930.

Berghotel »Uto-Kulm« mit dem alten Aussichts-turm, um 1940.

Sommerfahrplan der 1875 eröffneten Uetliberg-bahn, der steilsten Adhäsionsbahn Europas.

Der 1894 im Stil des Eiffelturms errichtete Aussichtsturm galt zusammen mit dem Hotel als »Zürichs schönstes Ausflugsziel«.

Doch der Zahn der Zeit blieb nicht untätig. Am Balkenwerk des Hauses nagte der Holzwurm, am Turm Rost und Frost. Sanieren oder abbrechen? Gerettet wurde Zürichs höchste Attraktion vom Schweizerischen Bankverein. Anstelle des längst maroden »Eiffeltürmchens« erhebt sich heute eine unkonventionelle Dreieckspyramide. Am 25. November 1991 wurde sie mit Gratis-Champagner, Alphornbläsern und Fanfaren dem Publikum zur freien Benützung übergeben.

Heute blicken die Stadtzürcher wieder mit Stolz zu ihrem anfangs umstrittenen Wahrzeichen hinauf, obwohl es – was nur die wenigsten wissen – gar nicht zu Zürich gehört, sondern bereits auf dem Boden der Bauerngemeinde Stallikon auf der andern Seite des Berges steht. Natürlich hätte die Stadt Zürich das Areal schon längst gerne gekauft, aber die harten Stalliker lassen sich nicht erweichen: Immer diese Hochangeber! Der Turm bleibt im Dorf, punktum!

Auffahrtspaziergang auf den Uetliberg, 1895.

ALT-ZÜRI

Schoffelgasse 11

Beim Zunfthaus »Zum Rüden« steigt die schmale Schoffelgasse zur Münstergasse hinauf, einst schlecht beleuchtet und übel beleumdet. Von unten bis oben reihte sich Wirtshaus an Wirtshaus. Sie hatten einen so schlechten Ruf, daß noch vor der Jahrhundertwende wegen der Angst des Pfarrers um seine Pfarrkinder die Polizei eingriff und den »Sumpf« trockenlegte. Daß dies nicht vollständig gelang, kann man noch heute täglich, vor allem nächtlich, bestätigt sehen. Aber zwischen den einstigen Etablissements einsamer Witwen gab es doch zwei renommierte Lokale: die »Häfelei« im Haus eines mittelalterlichen Töpfers und oben anschließend das »Gambrinus« als Treffpunkt von Schauspielern, Künstlern und liberalen Professoren der Universität.

Die »Häfelei«, die sich heute »Alt-Züri« nennt, beherbergte die intellektuelle Vorstufe zum »Gambrinus«. Hier tranken Studenten, Kunstadepten und spätpubertierende Revoluzzer billigen Kopfwehwein. Berühmtester Gast war der junge Gottfried Keller, der eben daran war, den Pinsel gegen die Poesie auszutauschen. Er wohnte noch bei seiner Mutter am nahen Rindermarkt und verfaßte eisenfresserische Gedichte gegen Reaktion und Klerisei. Aber im Gegensatz zu seinem literarischen Vorbild Herwegh wollte der immer noch »Grüne Heinrich« nicht nur mit der Feder kämpfen.

Ein Beleg für Kellers Entschlossenheit, der Reaktion mit Pulver und Blei entgegenzutreten, hängt im heutigen »Alt-Züri« an der Wand: Die Lithographie von damals zeigt ein

Auszug Gottfried Kellers und seiner Kollegen zu den Freischarenzügen nach Luzern im Sommer 1845. Keller vorne mit Trommel. Abmarsch vor der »Häfelei«, dem heutigen »Alt-Züri«.

Gottfried Keller, um 1885.

paar kriegerisch aufgemachte, junge Künstler vor der einstigen »Häfelei«. Zuvorderst der spitzbärtige Keller mit riesigem Zylinder und einer Trommel. Die Männer wären gerne in die »Häfelei« zurückgekehrt, aber Keller befiehlt ihnen: »Rechts schwenkt um, arrrsch!« Tatsächlich zogen sie mit dem Freischarenzug von 1845 in Richtung Luzern, wurden aber schon auf halber Strecke aufgehalten. Recht betrunken wurde sie auf Bauernwagen heimgebracht, wie sich Gottfried Keller in seiner autobiographischen Novelle »Frau Regel Amrain und ihr Jüngster« seiner Kriegstaten erinnert.

Heute ist das »Alt-Züri« ein schmuckes kleines Wein- und Speiserestaurant. Aus dem letzten Jahrhundert hat sich vor allem die Wandtäfelung mit den gemalten Weintrauben erhalten.

Später, als Keller zu Ehren und Vermögen gekommen war, verkehrte er ein Haus weiter im »Gambrinus«, dem damals vornehmen Weinrestaurant, das drei Stockwerke in Anspruch nahm. Hier soll er den Entschluß gefaßt haben, mit der Novelle »Hadlaub« die Entstehung der weltberühmten »Manessischen Liederhandschrift« (heute »Große Heidelberger Liederhandschrift«) zu schildern. Tatsächlich hat ein unbekannter Maler an der Fassade des ehemaligen »Gambrinus« drei Szenen aus dem Codex gemalt: König Konrad von Stauffen, Walter von der Vogelweide und Wernher von Teufen. Heute ist das Lokal eine Herberge der Heilsarmee. Doch wenn wir die Gasse wenige Schritte hinaufgehen, stehen wir an der Münstergasse vor einer Gedenktafel: Hier erhob sich einst der Ritterturm der Manesse, in welchem um 1300 die berühmte Handschrift vermutlich entstanden ist.

GRAND CAFÉ DES BANQUES UND BONBONNIÈRE

Bahnhofstraße 70/72

»Über das ›Café des Banques‹ gibt es noch keinen Roman«, schrieb der spätere Nationalrat und linksintellektuelle Schaffhauser Stadtpräsident Walter Bringolf. Neben dem »Odeon« war es über viele Jahre der Treffpunkt interessanter und verschiedenartigster Zeitgenossen. Hier begegnete er »in der Zeit des Ersten Weltkrieges den drei Malerbrüdern Max, Ernst und Eduard Gubler, dem Lyriker Max Stamm, dem Wiener Maler Max Oppenheimer, genannt ›Mopp‹, aber auch Else Lasker-Schüler und vielen anderen«. Künstler, Politiker, Literaten, Freunde guter Unterhaltungsmusik, alles traf sich ein- oder zweimal in der Woche im »Des Banques«. Das Geld war knapp. Man konnte sich ein oder zwei Bier, einen, manchmal zwei Kaffee leisten. Den ganzen Abend saß man hinter dieser bescheidenen Konsumation, rauchte eine Zigarre und unterhielt sich über den Sturz des Zarentums, die Reise Lenins und Trotzkis nach Petersburg, den Rücktritt des deutschen Kanzlers Bethmann-Hollweg. Man diskutierte ebenso intensiv über das Zürcher Kunstleben und nicht zuletzt über das verrufene »Cabaret Voltaire«.

Gegründet wurde das an der Ecke Bahnhofstraße/Rennweg gelegene »Des Banques« 1915 von Konrad Vollert, einem rheinländischen Speisewirt. Über dem Café eröffnete er 1917 zudem die Kleinkunstbühne »Bonbonnière«. »Gefährliches Gift hinter süßer Etikette«, warnte alsbald die »Freitagszeitung«. Tatsächlich wurden hier »hinter verschlossenen Türen sehr kriegerische radikale Sachen aufgetischt,

Mondäne Straßencafészene beim »Grand Café des Banques«, August 1912.

Das »Grand Café des Banques« mit der »Bonbonnière« an der Bahnhofstraße, um 1914.

aber die champagnisierenden Zuhörer waren meistens Schieber und Spione mit ihren Schicksen«.

Zum gehobenen Unterhaltungslokal ohne avantgardistische Ansprüche wurde die »Bonbonnière« erst nach dem Krieg. Hier wurde so

etwas wie das Zürcher Chanson aus der Taufe gehoben: Eintagsfliegen mit braver Lokalerotik. Hauskritiker und Schlagertexter war der »Tages-Anzeiger«-Reporter Victor Zwicky, ein Elegant mit Menjou-Schnäuzchen, Stockschirm und weltmännischem Charme. Zum

»Internationalen Flugmeeting 1927« schrieb er den Schlagertext »Kinder, heute ist Propeller Trumpf!« Viel Ungereimtes paarte sich da um des Reimes willen. Doch der schöne Victor galt als Busenfreund der leichten Muse und Meister seines Faches. Sänger seines »heiteren Liedes und One Steps« war der derbkomische Conférencier Carl Sedlmayer, der später ins »Corso« hinüberwechselte. Die »Bonbonnière« machte bald Schule: Am Stampfenbach entstand der »Wintergarten«, in der »Urania« das »Café de Paris«, an der Börsenstraße das »Kabarett Metropol«, im »Corso« das heute noch bestehende »Mascotte«.

Doch gegen Ende der zwanziger Jahre verflüchtigten sich das zahlungskräftige Publikum und die ausländischen Kabarettstars. Nun wurde die Hälfte des Programms mit Dichterwettkämpfen ausgefüllt, wobei es um Stegreifverse ging, welche das Publikum den Kämpfern zurief. Nicht erlaubt waren aus Neutralitätsgründen die Namen von Nationen und Politikern, aber auch das reimfeindliche Wort »Mensch«. So wurde das Gebotene immer belangloser. Die »Bonbonnière« konnte sich mit einem Pianisten, gelegentlichen Diseusen und Animateuren bis zum Zweiten Weltkrieg halten.

Bereit zum Servieren. Eidgenössisches Schützenfest auf dem Albisgütli im Jahr 1907.

Restaurant »Plattengarten«, 1905.

PLATTENGARTEN

Plattenstraße 14/16

Ein vielbesuchtes Ausflugsziel war vor der Jahrhundertwende der »Plattengarten« auf dem kleinen »Plateau« am Zürichberghang, das dem Platten-Viertel den Namen gab. Auch nach der Eingemeindung Flunterns im Jahr 1893 blieb die »Platte« das Zentrum der Alt-Flunterner Musik-, Schützen- und Turnvereine. Hier, im weit und breit einzigen großen Bühnensaal, führten sie zur Stärkung der Vereinskasse ihre bunten Familienabende durch, mit Tombola, Konzertprogramm, fröhlichen Theatereinlagen und Tanz.

Schon in der Biedermeierzeit hatte sich das Gasthaus »Zum Plattenberg« einen guten Ruf erobert: Das von 1824 an selber gebraute Bier war süffig und etwas weniger wässerig als das der Konkurrenz. Unter der Woche trafen sich am Stammtisch die erzradikalen Politiker und im Fechtsaal mit der Aufschrift »Kegelbahn« die schlagenden Burschenschafter. »Wenn man den alten Fuhrmann Gujer in die schmale Schönleinstraße einbiegen und viele Säcke voll Sägemehl in die Kegelbahn tragen sah, wußten wir Knaben, worum es ging«, erzählte der alte Journalist Heiri Gysler in seinen Jugenderinnerungen. »Auch die Anwohner wußten natürlich, daß wieder einmal eine große ›Päuk‹ bevorstand. Nur die Polizisten schienen nichts zu sehen, obwohl die blutigen Säbelkämpfe schon seit 1866 durch das ›Gesetz betreffend das Duell‹ strengstens untersagt waren und auch ›Mitwisser‹ der Strafe verfielen. Damit die Sache nicht allzu auffällig wurde, kamen die Studenten schon am Vormittag im Vollwichs zum Frühschoppen. Unter ihnen fielen besonders viele weißhaarige Altherren auf, die als Ärzte die Aufgabe hatten, den blessierten Duellanten die aufgeschlitzten Wangen wieder zusammenzuflicken.«

1888 erwarb Franz Karl Mebes, Großwildjäger und Freund Karl Hagenbecks, das Lokal, baute Stall und Scheune zum Saal um und erweiterte den Biergarten zum Tiergarten. Es waren vor allem Affen, Bären, Giraffen und Antilopen, die seine kleine Menagerie bevölkerten. Dazu kamen die wilden Tänze exotischer Völkerstämme: Azteken, Singhalesen, Afrikaner, Indianer und Chinesen. Mit märchenhaften Skulpturen durchsetzte Grottenbeete, eine rieselnde Quelle vom Zürichberg, Schilf und Büsche rundeten das kleine Vergnügungsparadies ab. Besonders stolz war Mebes auf den größten Stammtisch der Schweiz, bestehend aus dem Fuß einer Riesenlinde von 3½ Meter Durchmesser. Die Studenten der

Sensationen im »Plattengarten«, 1982.

nahen Hochschulen gaben sich hier gerne Rendez-vous, wobei junge Leute aus aller Herren Länder für ein exotisches Flair sorgten.

Neben dem Spektakel der sich 1893 dort produzierenden Singhalesen-Karawane gelang es dem »Plattengarten«, dem Publikum noch manch andere Attraktion zu präsentieren. So konnte man eine moderne Alpenbahn bestaunen oder sich sogar Operetten zu Gemüte führen, während die Zurschaustellung des besagten Doppelkalbes auf behördliche Anordnung hin unterbleiben mußte.

1895 siedelte Mebes mit seiner Menagerie ins alte »Kasino Sihlhölzli« über, wo er seine Attraktionen noch weiter ausbaute. Der »Plattengarten« nahm seine alte Funktion als Gemeinde-, Vereins- und Bierlokal wieder auf. Erst im Frühjahr 1956 wurde die ganze Herrlichkeit nach langem Abstimmungskampf abgebrochen. Heute erhebt sich dort das siebzehnstöckige Schwesternhaus der Universitätsklinik.

»Zum alten Klösterli«, um 1905.

ZUM
ALTEN KLÖSTERLI

Klosterweg 36

Zuoberst auf dem Zürichberg, wo der Blick bereits ins grüne Glattal hinüberschweift, liegt am Waldrand die Wirtschaft »Zum alten Klösterli«, nach langem Spaziergang »ein Trösterli«. Der Name des noch immer rustikal wirkenden Gasthauses verrät es: Hier stand einst in abgeschiedener Waldeinsamkeit ein kleines, aber geistesgeschichtlich bedeutendes Kloster. 1127 wurde das Grundstück vom Adeligen Rudolf von Fluntrein dem Großmünster geschenkt und darauf der kleine Filial-Konvent errichtet. Ein Zeichen innerer Krise? Die wenigen Chorherren, die sich aus dem Mutterhaus in die eremitische Abgeschiedenheit zurückzogen, waren besonders strenggläubig und mit dem durch seine territoriale Größe zunehmend verweltlichten Großmünsterstift nicht mehr eines Geistes. Sie gingen in die Emigration. Diese bewußte Abkehr wurde durch den heimlichen Aufenthalt des reformatorischen, vom Papst verdammten Augustinerpriors Arnaldo da Brescia unterstrichen, der 1142 in Zürich gegen den weltlichen Besitz der Klöster predigte.

Nach einer Bluttat im Kreuzgang mußte das St. Martinskloster neu geweiht werden. Doch schon ein Jahrhundert später hatte auch das Kloster auf dem Zürichberg jenen religiösen Tiefstand erreicht, der schließlich zur Zürcher Reformation führte: »Mangel und Gebresten an göttlichen Diensten.« 1525 wurde das Klösterli wie alle anderen Ordenshäuser aufgehoben. Die verlassenen Bauten müssen sich noch lange erhalten haben; auf alten Darstellungen ist bis ins 19. Jahrhundert hinein noch immer ein Flügel des gotischen Kreuzganges zu sehen.

Natürlich ließ die Stadt das Klosterareal nicht einfach verkommen. Bald nach der Säkularisierung errichtete sie darauf einen Lehenshof als Pachtgut. Das Haupthaus, in dem sich der heutige Gasthof befindet, wurde 1796 im Stil der Zeit erneuert: als ländlicher Riegelbau mit benachbartem Ökonomietrakt. Damals begann der Pächter, nachdem die Franzosen die alten Tavernenrechte aufgehoben hatten, gelegentlich eigenen Wein auszuschenken. Seine bescheidene Stube bot aber nicht mehr als eine Verpflegung für Jäger, Wildhüter und Waldarbeiter. Bei einem sauren Most und einer handfesten Wurst vergingen die Mittagspausen. Erst mit der erwachenden Wanderlust des 19. Jahrhunderts wurde das »Klösterli« zum Geheimtip jener spätromantischen Generation, die dem »Qualm der Städte« zu entfliehen begann.

Das Wiesen- und Waldrandgebiet hoch über der Stadt wurde erst nach dem Ersten Weltkrieg als Wohnidylle entdeckt. 1924 entstand direkt vorne an der Zürichbergstraße das »Neue Klösterli«, das dank der nahen Endstation der verlängerten Straßenbahn bald großen Zuspruch fand. Als obendrein am Klosterweg zwischen den beiden Restaurants 1928 Zürichs Zoologischer Garten eröffnet wurde, war die Sache »wirtschaftlich« perfekt: Zürich besaß an seiner grünen Grenze ein neues Ausflugsziel, so rege besucht, daß die »Städtische Straßenbahn« am Sonntag Extrakurse anbot.

1973–77 wurde das Wirtshaus »Zum alten Klösterli« von der städtischen Denkmalpflege renoviert und stilvoll ausgebaut. Diese Erneuerung nahm nur deshalb so lange Zeit in Anspruch, weil bei dieser Gelegenheit das ganze Areal des legendären Klosters freigelegt und vermessen wurde. Eines der Ergebnisse: Das Wirtshaus steht unmittelbar neben dem einstigen Kreuzgang.

Der regsame Wirt Johannes Treichler, wegen seiner Hiobsgeduld vom Bauamt als »Weißer Rabe« gerühmt, bewies bei der Neueinrichtung der Galerie viel Traditionsfreude: Sie heißen seither »St. Martins Restaurant«, »Klosterstübli«, »Fuhrmanns- und Bauernstube«. Auch seine Speisekarte übernahm diesen Geist lokaler Eigenart. Dazu gibt oder gab es natürlich Zürcher Weine, wobei die einstige Rebgemeinde Fluntern aber nicht mehr mit eigenem mithalten konnte. Aus köstlichen Weinlagen auf der Sonnenseite des Zürichbergs waren längst kostbare Wohnlagen geworden. Ja, wenn man heute von den »Zürichberglern« spricht, geschieht das selten ohne respektvollen Unterton, der immer auch mit einem Quentchen Neid gepfeffert ist.

Auf 1989 übergab Treichler sein Haus einer jungen Kraft. Seither erscheint es im Telefonbuch (für Vorbestellungen) auch unter dem neuen Namen »Klosterhof«, was zwar weniger zu verwechseln, aber auch weniger verwurzelt ist.

GRAND HOTEL UND WALDHAUS DOLDER

Kurhausstraße 65 und 20

Das »Grand Hotel Dolder«, hoch über der Stadt, steht auch im Ruhm zürcherischer Gastronomie und Gastlichkeit ganz oben. Könige und Künstler, Staatsmänner und Stars steigen hier ab, zu Kongressen, Geschäftskontakten und kulturellen Anlässen, viele davon inkognito oder unter diskreter Wahrung ihrer Privatsphäre.

Als der Oberkellner einst dem Laufburschen erklärte: »Heute gibt der Fürst ein großes Dinner«, fragte dieser: »Welcher?« In einem der Kellner des Grand Hotel »Dolder«, Franz K., heute in New York, fand Thomas Mann das »liebenswürdige« Vorbild für seinen »Felix Krull«.

Um die Zeit vor hundert Jahren war das »Dolder«-Projekt Zürichs negatives Tagesgespräch: Was? Eine solche Verrücktheit, ein gigantischer Hotelkasten oben in unserer köstlichen Waldesruh des Zürichbergs? Hochstapelei und Herrengehabe eines zugewanderten Spekulanten! Man wünschte ihm heimlich einen schlechten Geschäftsgang und den baldigen Untergang.

Tatsächlich stellte das maßlose Hotelprojekt nur die Spitze einer Riesenspekulation dar, wie sie Zürich bis dahin noch nie erlebt hatte. Man erinnerte an Kaspar Fürsts einstiges Hotel »Uto-Kulm«: Pleite, Brandstiftung, Zuchthaus!

Urheber des »Dolder«-Projektes war ein gewisser Heinrich Hürlimann (1841–1910) aus dem Oberland, gelernter Küfer, alsbald Küfermeister in der Werkstatt des Gefängnisses Oetenbach, dann Gastwirt, Tingeltangelinhaber, Grundstücksspekulant und eine echte Grün-

Oben: *Ansichtskarte mit dem »Dolder«-Komplex, um 1905.* Unten: *Ansichtskarte, um 1905.*

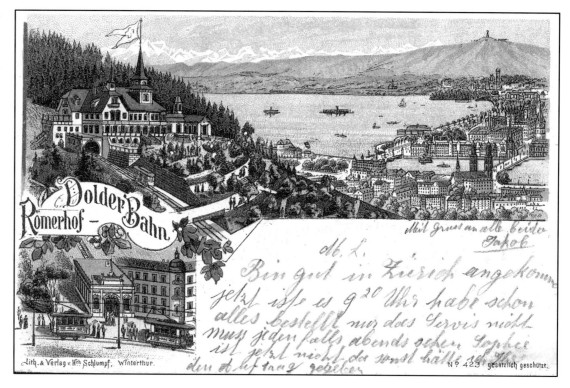

Oben: *Das Grand Hotel Waldhaus »Dolder«
mit der Drahtseilbahn, um 1905.* Unten: *Das
»Dolder«, um 1905.*

dernatur. Widerstand beflügelte ihn mehr als Zustimmung. In den Jahren 1879 und 1880 begann er seine Aktivitäten am »Pfauen« (heute Heimplatz), wobei es ihm gelang, Gottfried Kellers Abendschoppen-Restaurant in Zürichs größten Biergarten zu verwandeln, später dann in eine »Concert-Halle«, kurz darauf in das »Komödien- und Floratheater«, aus dem er 1889 in einem kühnen Neubau das heutige »Schauspielhaus« machte. Doch dieser Erfolg genügte Hürlimann bei weitem nicht: Der Küfer blies seinen Hobel noch lange nicht aus!

Am Zürichberg oben, hoch über der damals noch selbständigen Vorstadtgemeinde Hottingen, kaufte er so lange heimlich billige Grundstücke zusammen, bis er einen halben Quadratkilometer besaß. Hier, 200 Meter über der Stadt und dem See, plante er ein phantastisches Aussichts- und Kurhotel, erreichbar mit einer eigenen Drahtseilbahn! An diesem Punkt gingen auch die Banken auf Distanz, falls sie nicht ohnehin schon zu tief in die Sache verstrickt waren.

Aber Hürlimann ließ sich nicht unterkriegen. »Kämpfen heißt Siegen!« hieß seine Devise. Tatsächlich erteilte der Bundesrat in Bern der von Hürlimann gegründeten Aktiengesellschaft die Konzession für eine Bergbahn vom »Römerhof« bis hinauf auf den bewaldeten Dolder. Als Zürichs längste Drahtseilbahn wurde sie im Sommer 1893 eingeweiht, und im gleichen Monat konnte auch das Restaurant »Waldhaus Dolder« eröffnet werden. Ein bizarres Alphaus im Oberländer Chalet-Stil mit 1000 Plätzen!

Der Historismus-Architekt Jacques Gros, bekannt für Ausstellungsbauten und Festhüttendekorationen, hatte im Waldhaus den »Stil einer Schützenburg mit dem eines Waldschlosses« verschmolzen, indem er dem bergseitig massiven Gebäude einen Holzblockbau vorkragte, das Ganze mit einem großen Turm und vielen Dachreitern versah, was einen malerischen Effekt erzielte.

Grand Hotel »Dolder«, um 1900.

Die Einfahrt der Bergbahn in das Berggasthaus erfolgte im Untergeschoß durch ein Tunnelportal. »Dumpfes, unterirdisches Grollen kündete jeweils Ankunft und Abfahrt eines Wagens an. Was den Gästen noch mehr das stolze Gefühl vermittelte, sich über den Gewalten der Natur und der Finsternis erhoben zu haben.«

Hürlimann ließ sich von seiner Aktiengesellschaft selber als »Pächter« einsetzen, und anschließend gelang es ihm dann tatsächlich, zu beweisen, daß er sich in der Wirtschaft im doppelten Sinne des Wortes bestens auskannte. Sein »Waldhaus« und damit auch die Bergbahn rentierten sich so gut, daß sich die Gesellschaft entschloß, der Schöpfung nun die Krone aufzusetzen.

Das Spitzenhotel, noch weiter oben, wurde wiederum Jacques Gros in Auftrag gegeben, der es verstand, die idyllische Waldhausromantik mit den Ansprüchen verwöhnter Gäste in Einklang zu bringen. Am Himmelfahrtstag 1899 stand das »Grand Hotel und Kurhaus Dolder« zum Empfang der Ehrengäste bereit. Und sie kamen in Scharen, die Honoratioren der Stadt, der Wissenschaft und Wirtschaft, der Politik und der Presse, wurde doch absolute Exklusivität versprochen: »Internationale Hotellerie jetzt auch am Rande Zürichs, nicht in den Niederungen des geschäftigen Alltags, sondern hoch über dem Nebel und weitab vom Lärm der Stadt.«

Weniger erbaut von dem kuriosen Gebäude waren indessen die Kunsthistoriker. Sie sprachen von »Inflation in der Architektur« und einem Prototyp des Kitsches. Doch was allein zählte, war der Erfolg. Das »Grand« wurde zur begehrten Adresse illustrer Persönlichkeiten, zum Treffpunkt der Zürcher Haute volée und zum Erfolgsgaranten luxuriöser Bälle und exklusiver Festivitäten: »Im Dolder ist's holder!«

Heute kann sich das »Dolder Grand« rühmen, Europas bestes Luxus-Restaurant zu sein. So wenigstens wurde es schon vor wenigen Jahren und wiederum 1991 von über hundert vielreisenden internationalen Bankiers ermittelt.

Tatsächlich nimmt die Aufzählung weltbekannter Gäste kein Ende. Zu ihnen gehörten und gehören: Albert Einstein, Kurt Waldheim,

Aus den Erinnerungen der Singstudenten.

Schah Reza Pahlewi, Chaim Weizmann, Yehudi Menuhin, Winston Churchill, aus Hollywood Walt Disney, Gregory Peck, Trevor Howard und auch europäische Filmgrößen wie Ingmar Bergman, Carlo Ponti, Sophia Loren und viele andere Personen ähnlicher Prominenz.

Anders ging es mit dem »Waldhaus«, das der abfälligen Kritik nicht standhalten konnte, wenigstens nicht als wildromantisches Berghaus, das längst von einem dichten Häusermeer umgeben war. 1972 wurde es gesprengt, und man errichtete an seiner Stelle einen modernen Hochbau. Innen weist das neue »Waldhaus« Komfort, Atmosphäre und Behaglichkeit auf. Küche, Keller und Kellner sind »comme il faut«.

Übrigens: »Waldhaus«, »Grand Hotel« und Bergbahn gehören noch immer der von Heinrich Hürlimann gegründeten »Dolder AG«, die 1994 ihr hundertjähriges Blühen feiern kann.

Grand Hotel »Dolder«, 1902.

Das »Dolder«-
Tram verlängerte
1899–1930 die
»Dolder«-Seilbahn
bis vor das Grand
Hotel.

DOLDER GRAND HOTEL

Auf der Terrasse des »Dolder«, um 1907.

Bierhalle Wolf

Limmatquai 132

Galionsfigur im klippenreichen Biermeer des Niederdorfs ist der »Wolf«. Er hat die Gezeiten der Wirtschaftskrise und der beiden Weltkriege, der wechselnden Trinksitten und Modeströmungen unbeschadet überstanden und seinen Kiel beizeiten in ruhigeres Fahrwasser gelenkt.

1892 als Bierhalle des Augsburger Brauers Carl Mayer gegründet, wechselte die »Bierhalle Wolf« 1911 zur Zürcher Brauerei Hürlimann über, die den nun hundertjährigen Betrieb zu seinen besten Kunden und liebsten Kindern zählt. Schon vor dem Ersten Weltkrieg war der »Wolf« eine beliebte Trinkstube mit Konzert und Unterhaltung. Die Musik besorgte ein Stehgeiger. Zauberer, Equilibristen, Komödianten und Akrobaten drängten sich auf einem kleinen Podest. Um ihnen wenigstens nach oben Bewegungsfreiheit zu gewähren, wurde später ein Loch aus der Decke gebrochen.

Generationen von Kleinkünstlern, eingerechnet Schimpansen, Papageien, Katzen und Hunde, tingelten im Laufe der Zeit durch den »Wolf«. War der Vater in schillerndem Trikot als Schlangenmensch durch die Leiter gekrochen, präsentierte seine Enkelin später als Torsionistin die unglaublichsten Verdrehungskünste.

Seine farbigste Artistenzeit erlebte das Niederdorf im Ersten Weltkrieg, als Künstler von Weltformat hier einen sicheren Unterschlupf fanden. Hugo Ball, Emigrant, Dichter und Dadaist, verdiente sich im »Wolf« als Klavierspieler sein klägliches tägliches Trinkgeld. In seinem Roman »Flametti – vom Dandysmus der Armen« setzte er dem Niederdorf, listiger-

Bierhalle »Wolf« am Limmatquai, um 1914.

weise als »Fuchsweid« benannt, ein literarisches Denkmal:

»Und die Fuchsweide dämmerte. Bucklig und winklig sank sie mit ihrem Halbhundert Gassen verschmutzt und im Rauch ihrer Herdfeuer grau in den Abend. Die Giebel zerschnitten sich hoch in der Luft. Man legte die Arbeitsschürzen jetzt ab in den Kellern. Im Hinterhaus, in den Stuben und Giebeln frisierte man sich und machte Toilette. Los gingen die Grammophone, Orchestrione und das Elektroklavier. Auf tauchten verwegene Gestalten beiderlei Geschlechts vor beleuchteten Spiegeln, unter dem Haustor und auf der Straße. Auf ging der Mond, und in den Konzertlokalen tummelten freundliche Sängerinnen und früheste Zauberkünstler bereits ihre Stimme. Und höllenhaft, magisch radauend und zeternd: Die Lichtreklame des ›Krokodil‹ entfaltete ihre chinesisch untereinander geordnete Buchstabenreihe, die vom Dach bis zum Boden reichte. Der ganze ›Mönchsplatz‹ war rot überstrahlt. Im Nebengebäude negerten los: die Pauke und das Tschinell. Über der Straße drüben rupften zwei rivalisierende Damen einander die Federn aus.«

Dann kehrte der Wind. Mit der Weltwirtschaftskrise kam die nationale Selbstbesinnung. Alphörner bliesen, Kuhglocken bimmelten, das Schwyzerörgeli wurde Trumpf. Da trug sogar ein leibhaftiger Bundesrat seinen heimatlichen Kuhreigen vor. Der Clown Grock hat hier sein Debüt gegeben, und die Mutter von Caterina Valente war als Kunstpfeiferin, Steptänzerin und Xylophon-Virtuosin eine Zugnummer. Doch dann wurde Zapfenstreich geblasen. Die große Tingeltangel- und Variétézeit mußte sich dem Fernseher beugen – Knicks, Applaus, Vorhang! Nach großem Umbau präsentiert sich das »Konzert- und Speiselokal Bierhalle Wolf« seit den achtziger Jahren in neuem Gewand. Geblieben ist die musikalische Tradition: zweimal täglich, am Sonntag zum Frühschoppen, Unterhaltungs- und Stimmungsmusik wie einst im Mai!

Restaurant »Zum weißen Schwan« am Predigerplatz.

ZUM WEISSEN SCHWAN

Predigerplatz 34

Wer sieht dem schmucken »Weißen Schwan« an, daß er in seinen Jugendjahren mehrmals hat Federn lassen müssen. Schon seine Geburt stand unter einem schlechten Stern, denn akkurat vor seiner Türe und in den Nachbargassen hatte sich die Liebedienerei breit gemacht. »Dulcineen« nannte man die Dämchen, die sich auf dem schummrig beleuchteten Kirchenplatz herumtrieben. Sollte man dem heimlichen Gewerbe noch mehr Unterschlupf gewähren?

Wenn da einer in der hinteren Ecke stundenlang hinter dem gleichen Bier und derselben Zeitung saß, so war das beileibe kein Freier, sondern ein Polizeidiener, dem die »Kirchenpflege zur Predigern« für einen guten Fang ein extra Handgeld bezahlte. Doch die tausend Franken, die für die gänzliche Vertreibung der Prostitution aus dem Kirchenviertel ausgesetzt waren, kamen nie zur Auszahlung.

Begreiflicherweise hielt es auf diesem Lasterpflaster kein Wirt lange aus, bis der muntere Jean Speck vom »Weißen Kreuz« an der Schifflände ins »Schwänli« wechselte. »Zum Amüsement eines verehrlichen Publikums« führte er Zwerge und Riesen, Negerhäuptlinge, Feuerfresser, Degenschlucker, Fakire, Bauchredner und Bauchtänzerinnen vor.

Das Lokal, die Gäste und die Kasse waren voll. Doch Herr Speck gab sich damit nicht zufrieden. Er wechselte über die Limmat und eröffnete am Heiligen Abend 1899 auf der Werdinsel das »Panoptikum« mit Wachsfiguren, Embryos in Spiritus, Spiegelsaal und den ersten flimmernden Vorführungen eines Lumière-Kinématographen:

Mäusefallen mit dem Speck,
sie erfüllen ihren Zweck,
alles rennt und denkt famos:
wo der Speck, da ist was los!

Im »Schwänli« war es wieder still geworden. Die Handwerker von der Brunngasse, der Chor-, der Prediger- und der Preyergasse genehmigten sich hier ihren Frühschoppen und den Schlummertrunk. Man war unter sich. Nur an gewissen Abenden erschienen einige anonyme Typen mit Schirmmütze und Proletarierzivil. Sie nickten kurz und verschwanden im Hinterstübchen, wo sie starken Tabak rauchten. Es ging ihnen nicht um Wein, Weib und Geselligkeit, sondern um die Weltrevolution: »Völker hört die Signale...«

Erst Jahre später wurde man sich bewußt, wer da im Schwanennest ein Kuckucksei ausgebrütet hatte: Lenin, Trotzki, Fritz Platten, der den »Versiegelten Zug« arrangierte, Dr. Fritz Brubpacher, Arzt und Anarchist, Leonhard Frank, der expressionistische Schriftsteller von »Links wo das Herz ist«, der Arbeitersekretär und Redakteur Jakob Lorenz und Willi Münzenberg, der später das Braunbuch »Dimitroff contra Göring« schrieb, was ihm die Nazis in einem Wäldchen bei Lyon heimzahlten.

Heute paddelt das »Schwänli« in ruhigerem Fahrwasser. Das gemütliche Weinrestaurant am Rande des aufgekratzten Niederdorfs gilt als Geheimtip für einen bekömmlichen Abend.

Annonce des Kinopioniers Jean Speck, um 1920.

Voranzeige.
Restaurant Schöchlischmiede,
Niederdorf, Zürich.

Samstag den 3. August u. folgende Tage Bedienung durch einen

Ur-Germanen

Jos. Ballessbach aus Strassburg.

Der Mann mit dem grössten und schönsten Bart der Welt.

Riesenbart, 1 Meter 50 Ctm. lang.   1043

Interessant für Natur- und Kunstfreunde. — 1000 Fr. Prämie
demjenigen, der einen ebenso langen, wohlgepflegten Bart vorweist.

*Annonce im »Tagblatt der Stadt Zürich«, um
1910.*

SCHÖCHLISCHMIEDE

Niederdorfstraße/Ecke Köngengasse

Die altbewährte Unterhaltungswirtschaft
»Schöchlischmiede« im Niederdorf, das heute
als Zürichs Bier- und Animierquartier gilt,
reicht als Passantenherberge bis ins 17. Jahrhundert zurück, als die Niederdorfstraße noch
die einzige Kutscherstraße zum unteren Stadttor war. Hier hatten Sattler, Wagner und Huf-
schmiede ihre rentablen Werkstätten, und die
Fuhrleute fanden alle paar Schritte weit ein
handfestes Abendbrot und eine einfache Unterkunft. Als aber das Limmatquai um 1850
entgegen allen Protesten der Niederdörfler zu
einer breiten, schnellen Verkehrspassage ausgebaut wurde, hatten sie das Nachsehen. Die
Handwerker zogen aus, die Wirte begannen
mit allerlei Kniffen und Tricks, Sensationen
und Attraktionen ein neues Publikum in ihre
Gaststätten zu locken. Frau Wirtin zwängte
sich in ein Dirndlkleid und schleppte die
schweren Bierhumpen herbei. In der Ecke
hämmerte ein Orchestrion den alten Jäger-
marsch. Das Töchterchen schaute sich nach

»Schöchlischmiede« im Niederdorf, um 1930.

Bierhausattraktion im Niederdorf, um 1920.

einem hübschen Burschen um, der bald Stammgast wurde. Gelegentlich knallte ein Korken.

Wie harmlos diese Szenerie damals noch war, illustrieren ein paar Zeitungsberichte der Jahrhundertwende:

»Eine phänomenale Erscheinung für die sich selbst der Professor Virchow in Berlin interessierte, ist derzeit im Restaurant ›Schöchlischmiede‹ in Zürich zu sehen. Es ist dies ein 11 Jahre alter Knabe, der volle 172 Pfunde wiegt und der als weitere Kuriosität an jeder Hand 6 Finger und an jedem Fuß 6 gut entwickelte Zehen hat. Man hat uns diese ›gewichtige‹ Persönlichkeit persönlich auf dem Redaktionsbureau vorgestellt, und wir denken, daß sich bei unseren Lesern das gleiche Interesse wie bei uns kundgebe. Die Wissenschaft hat wieder ein Rätsel der Natur zu knacken, mit dem sie sich schon stark abmüht.«

Der Niederdorfer Hirschenplatz mit Hotel ▷
»Hirschen«, Café-Restaurant »Niederdorf« und
»Schöchlischmiede«.

»Einen Mann mit einem anderthalb Meter langen Bart zu sehen gehört gewiß zu den sog. Meerwundern. Ein solcher serviert gegenwärtig im altbekannten Restaurant ›Schöchlischmiede‹ an der Niederdorfstraße in Zürich für etliche Tage und wird sicher manchen Neugierigen herbeilocken.«

»Höchste Sehenswürdigkeit der Gegenwart ist Mathilde van de Cauter, die schöne Holländerin mit dem Vollbart. Zum ersten Mal in der Schweiz, serviert sie in der ›Schöchlischmiede‹ als Kellnerin von Freitag an.«

Ein paar Tage nach dieser Zeitungsmeldung wandte sich ein enttäuschter Besucher (oder war es die böse Konkurrenz?) an die Redaktion: »Die Dame hat eine auffallende Ähnlichkeit mit einem hiesigen bekannten Herrn…«

RESTAURANT ZUR SCHMIEDE

Häringstraße 2/Ecke Niederdorfstraße

Die »Schmiede«, einst die größte Huf- und Wagenschmiede im Niederdorf, konnte sich nicht mehr halten, als der Fuhrverkehr nach dem Bau des Limmatquais hier gänzlich versiegte. In der großen, nun leerstehenden Werkstatt wurde vor gut hundert Jahren eine Handwerker-Gaststube eingerichtet. Aber auch diese Zeiten sind vorbei: Heute sind die immer noch stilvollen Eisenläden auch tagsüber verschlossen, weil darin der Night-Club »Dolce vita« für Nacht- und Nacktbetrieb sorgt, der schon am frühen Nachmittag für Schummeratmosphäre sorgt.

Wie es dort in der guten alten Handwerkszeit zuging, schilderte Senior-Journalist Heiri Gysler Anfang 1967 in der Tageszeitung »Die Tat«, die auch schon lange das Zeitliche gesegnet hat: »Über die Feiertage ist mir so richtig aufgerochen, wie ganz anders sich der Verkehr in den Wirtschaften von heute abspielt. Vor allem fällt der weibliche Besuch in den Lokalen auf. Vor Jahrzehnten noch sah man Frauen sehr selten in einer Wirtschaft, es sei denn, sie wurden ausnahmsweise einmal von ihrem Manne mitgenommen. Als es in Zürich noch keine Polizeistunde gab – sie wurde erst 1895 eingeführt –, hockten die Gäste sehr oft bis morgens vier Uhr bei Bier und Wein beieinander, jaßten zu viert um einen Liter Wein zu einem Franken oder bei einem Vierdeziglas Bier für 15 Rappen. In vielen Lokalen stand an einer Wand ein bis zur Decke reichendes Orchestrion, bei dessen Krachmusik mit zufällig anwesenden Damen zwischen den Tischen ohne Polizeibewilligung ein Tänzchen gemacht wurde, nachdem man einen Zwanziger in den Geldschlitz des Instrumentes geworfen hatte. Heute rauchen die Damen Zigaretten kettenweise und stecken sie mit luxuriösen Feuerzeu-

gen in Brand. Vor dem unglaublichen Anstieg des Zigarettenkonsums rauchten fast nur die Männer ihre Stumpen, die zwei Stück einen Fünfer kosteten. Auf den Tischen standen noch die weißen, irdenen Zündholzsteine mit den Schwefelzündhölzern, die gelegentlich bei handgreiflichen Auseinandersetzungen auch als Schlagwaffe oder Wurfgeschosse benützt wurden. Diese Schwefelzündhölzer ließen sich an jeder etwas rauhen Fläche leicht anbrennen. Es kam vor, daß ein Arbeiter in seinem rauhen Arbeitsgewand einfach den rechten Schenkel in die Höhe hob und dann sein Streichholz am derben, straff gespannten Hosenboden in Brand setzte, oder an einer Schuhsohle. Wenn ihm der Zündholzstein zu weit weg war, strich er es an der Unterseite der Tischplatte in Brand. Bis zum Morgen stank der dicke Rauchnebel intensiv vom penetranten Geruch der Phosphorköpfe.

Mit dem nötigen Essen bei längerem Aufenthalt im Wirtshaus gab man sich sehr viel bescheidener als heute. Ein Servelat mit Brot für 30 Rappen genügte meistens oder eine Portion Käse um dasselbe Geld. In der ›Schmiede‹ wurde zu jedem Bier ein Schinkenbrot für zwanzig Rappen verabreicht. Dieses bestand aus einer zwei Zentimeter dicken Schnitte Randbrot mit einer Lage von Rollschinken. Für zwanzig Rappen hatte die ›Schmiede‹ stets rauhe Kuttelblätze auf Lager oder für vierzig Rappen einen Teller voll Kutteln mit Käse, der dann nach dem Genuß mit einem sogenannten ›Güggs‹ (Branntwein) abgeschwemmt wurde. Wer nicht gerade gut bei Kasse war, konnte vom Wirt einfach ein Stück Brot verlangen, das bei einer Dicke von fünf Zentimetern fünf Rappen kostete. Auf jedem Tisch stand auch ein blaugraues Steinkrüglein mit Senf, dessen man sich zu allem möglichen bediente, auch zu dem fünfräppigen Brot, damit es rassiger schmecke.

Die chronischen Jasser, die meistens um einen Liter zusammengepanschten Rotwein spielten, mußten oft wegen der etwas allzu sehr

Die »Schmiede« im Niederdorf, um 1910.

ramponierten Jaßkarten die Hände waschen gehen, wenn wieder eine Runde vorbei war. Hatte ein Stammgast Geburtstag, stellte sich der Wirt splendid mit einer Flasche Wein als Geburtstagsgeschenk ein. Und auch sonst suchte der Wirt recht intensiven Kontakt mit seinen Gästen, während man diesen heute sehr oft nicht zu Gesicht bekommt. Aber alles ist eben vergänglich, auch die billigen, aber gemütvollen Zeiten.«

Zur Kantorei

Neumarkt 2

Kantorei? – Klingt mittelalterlich. Der Musikkundige denkt vielleicht an den Minnesänger Johannes Hadlaub, der anno 1302 grad nebenan ein Haus kaufte und den erwähnten »Manesse Codex« schrieb, eines der schönsten Bücher der Welt, heute als Kronschatz der höfischen Dichtung gepriesen. Den heutigen Barockbrunnen sollen um 1348 die Juden »böslich vergiftet« haben. Die Froschaugasse erinnert an Zürichs ersten Buchdrucker, der 1521 das Fastengebot mißachtete und damit die Zürcher Reformation heraufbeschwor.

»Bayrische Bierhalle«, heute »Kantorei«, am Neumarkt, um 1915.

Jakob von Warte, »Manesse-Handschrift«, um 1300.

Durch die Spiegelgasse herunter – ältere Zürcher haben ihn noch gesehen – kam Tag für Tag jener verschwiegene, schwarzgekleidete Herr, der zur Bibliothek eilte, um die Welt umzustürzen. Er nannte sich Wladimir Iljitsch Uljanow und ist seit 1918 im Lexikon unter dem Stichwort »Lenin« zu finden.

Doch nun schön ein Bier nach dem andern! Das namenlose, romantische Plätzchen vor dem Studentenhaus »Zur Kantorei«, wo fünf Gassen zusammenlaufen, ist vielleicht das schönste, sicher das geschichtsträchtigste der rechtsufrigen Altstadt. Hier, wo bis ins 13. Jahrhundert die Stadt aufhörte und der heute eingedolte Wolfbach vom Rehgäßchen her quer über die Straße gurgelte, ist jeder Stein ein Stück singende und klingende Stadtgeschichte. Im Haus »Zur deutschen Schule« wurde nicht nur Generationen von ärmeren Stadtkindern das »ABC« eingetrichtert, 1360 starb eine Treppe höher Zürichs erster Bürgermeister Rudolf Brun am gleichen Tag wie sein Koch, was die Historiker noch immer Mord mutmaßen läßt. Im Renaissance-Palais gegenüber residierten die Bürgermeister Röist, die Zwinglis Reformation ermöglichten. Später wohnte darin jener originelle Haudegen Salomon Landolt, der als »Landvogt von Greifensee« in die Literatur einzog. Heute beherbergt das stilvolle Haus mit dem schönen Innenhof die Stadtbibliothek, das historische Bildarchiv und die Stadtarchäologen, die den Pfahlbauern und dem römischen Turicum auf ganz neue Spuren gekommen sind.

Überragt wird die ganze Idylle von Zürichs markantestem Ritterturm, dem »Grimmenturm« aus dem 12./13. Jahrhundert, benannt nach Johannes Bilgeri dem Grimmen, der einst als Ratsherr und Spitalpfleger eine markante Persönlichkeit war. Wie ein halbrundes Diadem, einst als »Bierkurve« charakterisiert, legt sich heute die »Kantorei« um den mittelalterlichen Turm. Ältere Stadtbewohner haben das Lokal noch als behäbige Bierhalle gekannt. Daß sich darin vermutlich schon früh eine Weinstube befand, läßt sich aus dem Hausnamen vermuten: 1455 hieß die Liegenschaft »Zur Traube«, später je nach der bevorzugten Weinsorte »Zur roten« oder »Zur weißen Traube«. Doch aktenkundig sind vor allem Handwerker, die hier am Übergang vom Rindermarkt zum Neumarkt ihre Gewerbe betrieben. 1825 bezog der Kupferschmied Amsler das Lokal, durfte aber wegen der nahen »Deutschen Schule« seinen Hammer nur außerhalb der Schulzeit schwingen. Ihm folgte der Lithograph Kaspar Knüsli, dann ein Laden für modische Damenhüte und hochfeine Handschuhe und schließlich der Maurermeister Johann Jakob Zini, der Größeres im Sinne hatte. Aus dem ehrwürdigen Haus sollte eine rentable Mietskaserne werden, aber der Rat erlaubte ihm nur einige wenige Fassadenänderungen, offenbar eine frühe Regung des Denkmalschutzes, der heute auch Schrebergartenhäuschen begutachtet und Maronibraterbuden überwacht.

Was nun, armer Zinsli-Zini? Durch Erhöhung des Erdgeschosses um ein Stockwerk entstand nach seinen Plänen ein Bierlokal, das größte im Viertel mit einer ins Auge springenden Wirtschaftslage. Am ersten Tag des neuen Jahrhunderts, am 1. Januar 1901, schenkte die »Bayerische Bierhalle« das erste Pschorrbräu aus. Zwei Jahre darauf wechselte die »Schaumschlägerei« den Besitzer und hieß nun sechs Jahrzehnte lang »Klosterbräu München«.

1966 kauften es die Altherren des Studentengesangvereins, nannten es »Zur Kantorei« und ließen das Haus so geschmackvoll renovieren, daß der Stadtrat 1968 an der Fassade eine Ehrentafel »Auszeichnung für gute Bauten« anbringen ließ. Die »Gastig« blieb nicht aus: Handwerker, Kunst- und Antiquitätenhändler aus der Nachbarschaft, Professoren der nahen

Die Zürcher Singstudenten vor ihrem Vereinslokal am Neumarkt.

Die »Kantorei« vor dem mittelalterlichen Grimmenturm.

Hochschulen, Studenten, Historiker und die gestrengen Herren des Obergerichts treffen sich hier zum freundnachbarlichen Mittagstisch.

Doch nach Büroschluß wechselt die Szenerie: gepflegte Atmosphäre, soignierte Speisekarte, dito Weine. Auf dem Vorplätzchen neben dem Brunnen kommt an warmen Abenden biedermeierliche Gartenlaubenstimmung auf. Gelegentlich hört man aus den oberen Fenstern der »Kantorei« die Studenten ein neues Konzert einüben. Übrigens: ausgezeichnete Chorsänger, lieber Dur als Moll, getreu ihrer Devise, die sie schon 1810 auf ihre Fahne geschrieben haben: »Mein Lebenslauf ist Lieb' und Lust...«

OEPFELCHAMMER

Rindermarkt 12

Gastronomische Legenden freuen den Wirt, und der Gast möchte das Gegenteil nicht bewiesen haben. Beispiel: die vielbesuchte »Oepfelchammer« am Rindermarkt, eine Weinstube für Junge und Junggebliebene und vor allem ein lebendiges Denkmal des weinseligen Dichters Gottfried Keller, der hier täglich sein Schöpplein getrunken habe. Daß dem wirklich so war, »beweisen« einige Erinnerungsbilder an den verrauchten Wänden.

Der Rindermarkt, von der Marktgasse abgehend, war einst kein vornehmes Wohnviertel, bis 1239 der Viehhandel von dort in den Stadtgraben hinausverlegt wurde, »wo auch das Vieh seine Weite habe«. Es war die Zeit, da sich die Stadt mit einer Mauer umgab und jedes Haus sich einen Namen zulegte. Viele sind heute mit einst illustren Bewohnern verbunden. Im »Palmbaum« und im »Judenhut« (heute »Oepfelchammer«) siedelten sich um 1340 reichgewordene Juden an. Um 1520 wohnte im »Gießfaß« der berühmte Stadtmaler und Zwingli-Porträtist Hans Asper, 1795 kaufte es der geniale Ingenieur und Schöpfer des großen Stadtplans Johannes Müller. 1821 bezog Gottfried Kellers Vater die »Sichel«. Damit begann eine Legende, die heute der ganzen Gasse ein hohes Ansehen verleiht. Denn grad gegenüber dem Haus, in welchem der junge Dichter bis 1848 seine im »Grünen Heinrich« geschilderten Jugendjahre verbrachte, liegt die »Oepfelchammer«, eine seit hundert Jahren von Studenten, Literaten und fröhlichen Zechern gern besuchte Weinstube: gewissermaßen Zürichs »Auerbachs Keller«, hier aber im ersten Stock. Dort soll Gottfried Keller einst Stammgast gewesen sein, mit seinen Freunden laut pokulierend oder allein in sich versunken seinem Ungeschick oder seinem Dichterwerk nachgrübelnd.

»Oepfelchammer« am Rindermarkt, Mai 1943.

Im Inneren der »Oepfelchammer«, Zeichnung von Anton Christoffel aus dem Jahr 1903.

Doch diese Überlieferung hat einige Ösen und Häklein, die nicht zusammenpassen: Zur Zeit, als Keller noch in der Gasse lebte und Maler werden wollte, befand sich im »Judenhut« eine Bäckerei, die für gute Zwiebelkuchen bekannt war. Erst 1859, als er längst weggezogen war, wurde ein Teil des Kuchen-Cafés in eine Weinstube mit eigenem Hintereingang umfunktioniert, und zwar in jenes stilvolle hintere Speiserestaurant, das sich seit Jahrzehnten eines guten Rufs erfreut. Erster »Pintenwirt« war ein Caspar Körner, der einen vorzüglichen »Markgräfler« ausschenkte, aber auch seine Marotten hatte: Als Sohn eines dem Trunke ergebenen Pfarrers, der später samt der Frau Pfarrerin wegen Zuhälterei im Oetenbach-Gefängnis endete, war er mit Gott und der Welt uneins geworden. Er verwickelte seine Gäste immer wieder in religiöse Gespräche, was nun gar nicht Kellers Art war, und sperrte im übrigen mit Hinweis auf eine bestimmte Bibelstelle seine Gaststube um 9 Uhr abends zu. Und da gibt es nun eine Briefstelle Kellers, so früh pflege er nicht auszugehen.

Doch die schöne Legende von der kleinen Stammkneipe des großen Dichters pflanzt sich heute noch immer fleißig fort. Begreiflich, da die »Oepfelchammer«-Wirte nie einen Grund sahen, die Keller-Saga zu dementieren. Warum sollten sie sich den Ast absägen, auf dem sie so gut und gerne saßen? Im Gegenteil, um 1928 wurde quer über die Fassade ein schöner Schmuckfries in Sgraffito-Technik angebracht, mit den Porträts zweier berühmter Gäste: Hans Waldmann, Zürichs stolzester Bürgermeister, der 1489 durch den Willen des Volkes enthauptet wurde, und natürlich Gottfried Keller, der Nachbar von gegenüber.

Gelegentlich wird auch über den Namen »Oepfelchammer« (Apfelkammer) gerätselt, doch der ist kaum mehr als hundert Jahre alt und bewegt sich auf unsicheren Füßen: Hier im »Judenhut« sollen einst die Klosterfrauen des Fraumünsters ihr Obst und ihre Apfelschnitze eingelagert haben, was niemand beweisen noch widerlegen kann.

Seit eh und je rege besucht und bewundert wird die vordere kleine Weinstube, in der einige vergilbte Gottfried-Keller-Porträts aufgehängt sind und wo der Hochschulprofessor und Nachbar des Dichters, Professor Stiefel, seinen Studenten immer wieder von seinem verstorbenen Freund erzählen mußte. An den langen, blankgescheuerten Holztischen fehlt es nie an spontanen Gesprächspartnern, denn die Begeisterung ist groß und jeder hat schon einmal den »Grünen Heinrich« oder »Die Leute von Seldwyla« gelesen. Mit Ehrfurcht blicken sie zum schweren Holzbalken empor, der mit etwa einer Elle Abstand unter der Decke durchläuft. Über diesen Balken soll einst der Dichter behende geklettert sein, und turnerisch geschickte Studenten machen ihm dieses Akrobatenstück unter allgemeinem Applaus gerne nach, besonders ruhmvoll, wenn sie, schon halb durchgeschlüpft, noch ein Gläschen austrinken. Nur: Der »Göpf«, wie er hier schulterklopfend heißt, hätte dazu eine Leiter gebraucht, er war kaum mehr als 1,40 Meter groß. Im übrigen klagte er oft über sein »Bäuchle«, und der »ungelenke Kerl« mit den zu kurzen »Gehwerkzeugen« war grundsätzlich jeder sportlichen Betätigung abhold, vor allem in einer Gaststube, wo er seinen ungestörten Frieden haben wollte. Wer kann's ihm verdenken?

CABARET VOLTAIRE

Spiegelgasse

Der Dadaismus, der einst die Welt intellektuell erschütterte und bis in die Weimarer Republik hineinwirkte, wurde mitten im Ersten Weltkrieg in der gemütlichen Weinstube »Meierei« an der Spiegelgasse gegründet. Heute erinnert eine versteckte, kaum beachtete Gedenktafel an diesen pazifistischen Aufstand einiger dem Krieg entflohener Asylanten.

Einer der Klügsten und Konsequentesten war der Schriftsteller und Schauspieler Hugo Ball. Er hatte Berlin verlassen, als Deutschland noch auf allen Fronten siegte, als – wie er in einem Gedicht sagte – »die großen Tage kamen«. Mit seiner Frau Emmy Hennings litt er in Zürich bittere Not, bis er in einem Variété im Niederdorf als Klavierspieler ein kärgliches Auskommen fand. Ball war stets auf der Suche nach der Wahrheit in einer verlogenen Welt. Er protestierte »gegen die erniedrigende Tatsache eines Weltkrieges im 20. Jahrhundert« und stellte schließlich die Forderung auf: »Es gilt jetzt, unangreifbare Sätze zu schreiben.« Seine Antwort auf den Unsinn der Zeit war die Gründung des »Cabaret Voltaire« an der Spiegelgasse, über die er berichtete:

»Als ich das ›Cabaret Voltaire‹ gründete, war ich der Meinung, es möchten sich in der Schweiz einige junge Leute finden, denen gleich mir daran gelegen wäre, ihre Unabhängigkeit nicht nur zu genießen, sondern auch zu dokumentieren. Ich ging zu Herrn Ephraim, dem Besitzer der ›Meierei‹, und sagte: ›Bitte, geben Sie mir Ihren Saal. Ich möchte ein Cabaret machen.‹ Herr Ephraim war einverstanden und gab mir den Saal. Ich ging zu der freundlichen Zürcher Presse und bat sie: ›Brin-

Das Restaurant »Meierei« an der Ecke Spiegelgasse/Münstergasse, um 1928.

gen Sie einige Notizen, es soll ein internationales Cabaret werden. Wir wollen schöne Dinge machen.‹ Da hatten wir am 5. Februar 1916 ein Cabaret. Viel Unterstützung und Sympathie fand ich bei den Herren Hans Arp, Tristan Tzara, Marcel Janco und Max Oppenheimer, die sich gerne bereit erklärten, im Cabaret auch aufzutreten. Am 26. Februar kam Richard Huelsenbeck aus Berlin, und am 30. März führten wir eine wundervolle Negermusik auf (toujours avec la grosse caisse: boum boum boum boum – drabatja mo gere drabatja mo bonooooooooo-). Und durch die Initiative des Herrn Tristan Tzara führten die Herren Tzara, Huelsenbeck und Janco (zum ersten Mal in Zürich und in der ganzen Welt) simultanistische Verse auf. Das kleine Heft, das wir herausgeben, verdanken wir unserer Initiative und der Beihilfe unserer Freunde in Frankreich, Italien und Rußland. Es soll die Aktivität und die Interessen des Cabarets bezeichnen, dessen ganze Absicht darauf gerichtet ist, über den Krieg und die Vaterländer hinweg an die wenigen Unabhängigen zu erinnern, die anderen Idealen leben. Das nächste Ziel der hier vereinigten Künstler ist die Herausgabe einer Revue Internationale. La revue paraîtra à Zurich et portera le nom ›Dada‹.«

In dieser Erklärung vom 15. Mai 1916 ist der Name »Dada« für die entstehende Bewegung erstmals dokumentarisch belegt. Was war der Dadaismus eigentlich? Schwer zu sagen. Eine »Flucht aus der Zeit« einerseits und andererseits eine radikale Künstler- und Literaturbewegung, die in »Abwehr gegen den Kriegsenthusiasmus und aus Ekel vor verspießter Bürgerlichkeit« den Neubeginn, die Rückkehr zum kindlich Primitiven forderte. Der Name »Dada«, dessen Herkunft umstritten ist, weist auf diese kindliche Ursprache hin.

Von den Zürcher Literaten bekannten sich nur J. C. Heer und Fritz Glauser offen zu den Dadaisten. Von der Presse wurde die Bewegung ignoriert oder ihre Bedeutung völlig verkannt. Der »Tages-Anzeiger« erklärte: »Zum

Glück erklären die Dadaisten selbst ziemlich unverhohlen, daß sie nur Schindluder treiben«, das »Winterthurer Tagblatt« ergänzte: »Wir lehnen diesen Bolschewismus in der Kunst so glatt ab wie den Bolschewismus überhaupt«. Ein amüsantes Bild von einer Dada-Soirée zeichneten die »Basler Nachrichten«:

»Man pfiff, schrie, warf kleine Geldstücke, Orangenschalen und Schimpfworte auf die Bühne und stampfte mit Füßen und Stühlen. Man muß trotz allem die Ruhe des Redners bewundern, der inmitten dieses Hagels und Lärms unbeweglich sitzen blieb, ja sogar zweimal versuchte, sich Gehör zu verschaffen, bis er schließlich mit einer nicht mißzuverstehenden verächtlichen Geste abzog, der er die Krone an Unverschämtheit aufsetzte, als er später, anstatt die im Programm angeführten ›eigenen Gedichte‹ zu lesen (auf die man allerdings gern verzichtete), eine schwarze Kleiderpuppe auf die Bühne trug, ihr ein Rosenbukett zu riechen gab und es ihr dann vor die Holzfüße legte. Daß nach dieser unglaublichen Verhöhnung des Publikums es nicht zu Tätlichkeiten kam, ist wohl nur der allgemeinen Verblüffung zuzuschreiben ... ein Skandal, von dem alte Zürcher behaupten, sich nicht erinnern zu können, jemals einen ähnlichen erlebt zu haben.«

Heute nennt sich das entgeistete Lokal »Castel-Pub« und Discothek. In der schummrigen »Casa-Bar« nebenan treffen sich Jazzfreaks zu lautstarken Soirées. Von der einstigen Weltbedeutung des Hauses weiß keiner mehr etwas: Ach was, im Ersten Weltkrieg? Sehen Sie, seit damals hat die Welt auch nicht viel zugelernt ...

Die »Meierei«, wie sie sich von der Spiegelgasse aus präsentierte. Rechts der ehemalige Eingang zum »Cabaret Voltaire«, das 1917 die Dadaisten eröffneten und in dem sie zahlreiche Dada-Revuen, Lyrikabende und spektakuläre Aktionen inszenierten, um 1957.

Das »Café Odeon« am Limmatquai, 1912.

174

CAFÉ ODEON

Limmatquai 2

Zürichs legendärstes Café, das »Odeon« am
Bellevue, ist zu einem glanzlosen Rudiment
zusammengeschrumpft. Alle Versuche, den
Genius loci wie einen entflogenen Kolibri wie-
dereinzufangen, blieben bisher umsonst. Zwar
mußte das Jugendstilinterieur aus denkmal-
pflegerischen Gründen erhalten bleiben, aber
die repräsentativere Hälfte des Lokals verbirgt
ihre Ambiance hinter den Regalen einer Apo-
theke. Der Rest ist wohl Café geblieben, nichts
aber vom internationalen intellektuellen Geist,
der dem Haus eine eigene Patina verlieh. Zuge-
geben, schon die größenwahnsinnige Idee, da
draußen am Stadtrand ein solches Etablissement einzurichten, war vermessen und nur ein
Wunder konnte da noch helfen.

»An der unteren Rämistraße, wo zwischen
der Häuserzeile der Torgasse und der genannten Straße der letzte Rest des einstigen Stadt-
grabens sich zeigte und niedere Ladenbauten
und Baracken aus der seligen Biedermeierzeit
gar nicht mehr zu dem jetzigen großstädti-
schen Verkehr dieser Straßenecke passen, wird
sich nun die Neuzeit auch architektonisch mit
zeitgemäßen Wohn- und Geschäftsbauten zur
Geltung bringen. Die hier geplante Baute wird
diesem Teil Neu-Zürichs eine Zierde sein«,
meldete Ende Mai 1909 in der »Zürcher Wochen-Chronik« der Journalist Carl Stichler,
der wirklich so hieß und gar nicht die Absicht
hatte, seiner Zeit am Zeug zu flicken. Trotzdem kam er nicht darum herum, Oberst Julius
Uster, der hier ein Stücklein Weltstadt plante,
eine gefährliche Portion Wagemut vorzuwer-
fen. In der Tat hatte der Oberst, Kaufmann,
Agent und Fabrikant für das Grundstück Ecke
Rämistraße/Limmatquai mit 410 Franken pro
bebaubaren Quadratmeter fast zehnmal soviel
bezahlt wie bei einer ähnlichen Handänderung
zehn Jahre zuvor. Aber Uster, ein unterneh-

*Plakat des »Café Odeon« von Hugo Laubi aus
dem Jahr 1920.*

mungslustiger Witwer, ging aufs Ganze. Der
von den Architekten Bischoff und Weideli
geplante »Usterhof« sollte 400 000 Franken
kosten, was mit einigem Optimismus und ein
paar guten Freunden wohl aufzubringen war.
Doch die Kosten überstiegen den Voranschlag
und Usters Solvenz. Mitte 1910 wurden die
Bauarbeiten unterbrochen. Monatelang stand
das halbfertige Haus da, eine Spekulationsrui-
ne ohne Zweck und Zukunft. Doch dann
geschah das Wunder, das alles wandelte: Julius
Uster gewann das große Los der »Spanischen
Nationallotterie«.

Am 1. Juli 1911 wurde der »Usterhof« eröffnet, darin das »Café Odeon«. Die vergessenen
Toiletten wurden noch in den letzten Wochen
eingebaut. Über die künstlerische Ausstattung
des Wiener Cafés stritten sich die Geister. Der
rötliche Marmor der Wandverkleidung gab

dem »Odeon« bald den Namen »Café Schwar-
tenmagen«. Daß es trotzdem Zürichs bedeutender Literatur-, Künstler- und Kulturtreff-
punkt wurde, wußte man bald in Berlin, Paris,
Rom und New York. Seine Stammkundschaft
reichte von Arp bis Zweig, von Einstein bis
Sauerbruch, von Busoni bis Lehàr, von Moissi
bis Tilla Durieux, von Trotzki bis Ulrich Wille.

Für Skandal, Sensation und künstlerischen
Pazifismus sorgten im Ersten Weltkrieg die
Dadaisten, die 1916 an der Spiegelgasse das
»Cabaret Voltaire« gegründet hatten und im
»Odeon« einen festen Platz einnahmen. In
seinen Erinnerungen schilderte der Asylant
Hans Arp die »Odeon«-Atmosphäre:

»Trotz des Krieges war jene Zeit voll seltener Reize, und in der Erinnerung scheint sie
mir auch beinahe idyllisch. Damals war Zürich
von einer Armee von internationalen Revolu-
tionären, Reformatoren, Dichtern, Malern,
Neutönern, Philosophen, Politikern und Frie-
densaposteln besetzt. Sie trafen sich vorzüglich
im ›Café Odeon‹. Dort war jeder Tisch exterri-
torialer Besitz einer Gruppe. Die Dadaisten
hatten zwei Fenstertische inne. Ihnen gegenüber saßen die Schriftsteller Wedekind, Leonhard Frank, Werfel, Ehrenstein und ihre
Freunde. In der Nachbarschaft dieser Tische
hielten stets das Tänzerpaar Sacharoff in pre-
ziösen Attitüden, die Malerin Baronin Weref-
kin und der Maler von Jawlensky Hof. Kun-
terbunt steigen andere Herrschaften in meiner
Erinnerung auf: die Dichterin Else Lasker-
Schüler, Hardekopf, Jollos, Flake, Perottet,
der Tänzer Moor, die Tänzerin Mary Wigman,
Laban, der Erzvater aller Tänzer und Tänze-
rinnen, und der Kunsthändler Cassirer. Unbe-
kümmert saß General Wille bei einem Gläslein
Veltliner allein unter diesen schwankenden
Gestalten, die ich damals beinahe täglich sah.
Bei einigen schwankte gegen Mitternacht der
körperliche Leib, bei anderen der Geistesleib.«

Auch während des Zweiten Weltkrieges,
den die Dadaisten verhindern wollten, erlebte
das »Odeon« noch einmal eine Sturmzeit. In

Der Innenraum des »Café Odeon«, 1943.

einer Ecke diskutierten die Redakteure der »Neuen Zürcher Zeitung«, der junge Max Frisch ereiferte sich mit Bert Brecht und dem Studenten Friedrich Dürrenmatt über die Aufgaben der neuen Bühne als moralische Anstalt. Nebenan saßen die in die Schweiz entflohenen Künstler des Schauspielhauses: Therese Giehse, Karl Paryla, Leonhard Steckel, Kurt Horwitz, Leopold Lindtberg, Wolfgang Langhoff... Man roch den Sauerstoff einer neuen Zeit.

Als der Krieg zu Ende war, sank auch im »Odeon« der geistige Lärmpegel, bis die kaugummikauende Jugend der 68er-Krawalle das Café lauthals und mit Pflastersteinen für sich reklamierte und die Musen in den Hades schickte. 1971 meinte N. O. Scarpi, die neue Leitung sei anscheinend weniger auf vollwertige als auf vollbärtige Gäste bedacht. Die heutige Vernunftehe »zwischen Kommers und Kommerz«, wie der »Tages-Anzeiger« einmal meinte, hat vom guten alten »Odeon« kaum mehr als den guten Namen gerettet.

KRONENHALLE

Rämistraße 4/Bellevue

»Sie wäre eine exemplarische Romanfigur gewesen. Nur, ihr reales Leben kann auch von dichterischer Phantasie nicht übertroffen werden. Viele Jahre hatte sie eine Bierkneipe in Niederdorf auf den Knien geschrubbt. 60 Jahre später ging sie in Kleidern, die ihre Freunde Balenciaga und Yves Saint-Laurent für sie kreiert hatten. Von ihrem Restaurant spricht heute die Welt!« So und ähnlich klagte die Presse im Juli 1984 über den Hinschied der 94jährigen Hulda Zumsteg. Sie war die Krone der »Kronenhalle«. 1922 hatte sie das heruntergekommene Restaurant übernommen und zum unbestrittenen Kunst- und Künstlerrestaurant der Schweiz gemacht.

Die »Kronenhalle« war nach bescheidenen Anfängen schon am Anfang der Gründerjahre eine »mehrbessere« Gaststätte. Hier, am Rande der Stadt, trafen sich die Fabrikanten und Geschäftsherren, die sich im Seefeld ihre phantastischen Villen hatten bauen lassen, zum behaglichen Abendtrunk. Sie diskutierten die Eisenbahnfrage und die Beschaffung billiger Arbeitskräfte.

Erbaut wurde das stilvolle Biedermeierhaus an der Rämistraße mit Scheune, Stall und Remise als Dépendance des benachbarten Gasthofs »Zur Krone«. Auftraggeber waren die Gastwirte Heinrich Leuthold und Sohn, die den besten Hotelarchitekten der Zeit, Daniel Pfister, ausgewählt hatten. 1841 gründete ein Herr Weinmann im ehemaligen Pferdestall ein Bierlokal mit musikalischer Unterhaltung. Ende der 60er Jahre übernahm es Eduard Bosshard, und er ging gleich aufs Ganze. Ihm gilt der Nachruhm, als erster die Leistungen seines Hauses durch ein Großplakat publik gemacht zu haben: Zwischen Posaunenengeln, Gartenlaubenranken und Phantasiebotanik pries er sein Lokal in so hohen Tönen und

wechselnden Schriftgraden, wie es vordem keiner und nach ihm kaum einer gewagt hatte: »›Kronenhalle‹, Café-Restaurant, altes bestrenommiertes zu jedem Preis. Mittag – dito Abendessen (Suppe, 2 Fleisch und Gemüse, Käse und Dessert) zu Fr. 1.50. Ganze Mahlzeiten, einzelne Platten, warm und kalt, werden jederzeit ins Haus geliefert. Größte Auswahl an Wiener-, Pilsner-, Bayerisch- und Englischbier. Die größeren und kleinen Salons im ersten Stock eignen sich zu jeder Zeit bis zu den höchsten Anforderungen zur Abhaltung von Morgensuppen, Gesellschaft- und Familienessen. Vorzügliche Küche und Keller. Für den Detailbedarf reelle in- und ausländische Faß- und Flaschenweine, insbesondere Chianti, alter Veltliner und Champagner in ganzen, ½ und ¼ Flaschen. Schweizerische, italienische, französische Zeitungen.« Offenbar auch für jene, die für 25 Centimes nur »1 Bouillon mit Brod« konsumierten. Kurz, die marktschreiende Riesenannonce wäre heute ein hochdotiertes Sammlerstück, doch gibt es davon nur noch ein einziges Exemplar in der Plakatsammlung des Zürcher Museums für Gestaltung, der größten der Welt.

Die »Kronenhalle« erlebte bald wechselvolle Jahre. Waren es die zu bescheidenen Preise oder die ringsum entstehende Konkurrenz, daß das einst renommierte Haus schlechten Zeiten entgegenging? Im Herbst 1902 ging es in Konkurs. Wechselnde Wirte unternahmen den vergeblichen Versuch, die »Kronenhalle« wieder auf einen grünen Zweig zu bringen. Erst die Ära Zumsteg rettete die heruntergekommene Wirtschaft. In über sechzig Jahre langer Arbeit stieg sie zu einem Spitzenrestaurant auf, das in seiner Art mit keinem andern zu vergleichen ist.

Eigentlich wäre Hulda Zumsteg, die Tochter eines Winterthurer Schuhmachers, gerne Lehrerin geworden, aber dem Vater fehlten die Mittel, und ein Staatsstipendium lehnte er ab: »Wir sind keine Armenhäusler!« So kam Hulda nach Zürich, ins Niederdorf, wo sie im

178

Linke Seite: *Die »Kronenhalle« mit Blick auf das »Belle-Vue« und den See, Juli 1910.* Oben: *In der »Kronenhalle«, um 1895.*

Restaurant »Mühle« (heute »Haifischbar«) als Mädchen für alles von besseren Tagen träumte. Dort lernte sie ihren künftigen Mann, Gustav Zumsteg, kennen. Zusammen kauften sie im Juni 1922 die »Kronenhalle«. ›Sparsamkeit und Dienst am Gast!‹ war ihre Devise. Sie schauten auf erstklassiges Personal und legten überall selber Hand an. Jeder Koch brachte seine Spezialitäten mit, und das Lokal galt bald als Geheimtip der Gourmets. Nach dem Tod ihres Mannes 1957 war Frau Zumsteg allein für das Haus verantwortlich. Da ihr Sohn in der Seidenbranche Karriere machte, gaben sich in der »Kronenhalle« vorerst Pariser Couturiers ein Stelldichein, zunächst Jean Lanvin und Lucien

Lelong, die Kontakte zu Christian Dior und Coco Chanel vermittelten. Später gesellten sich Hubert de Givenchy, Yves Saint-Laurent und Cristobál Balenciaga hinzu, der seinen eigenen Koch in der »Kronenhalle«-Küche Paella zubereiten ließ.

Damit war eine Beziehung zu Frankreich geschaffen, der bald internationale Künstler folgten: James Joyce, Thomas Mann, Robert Musil, Bert Brecht, Henry van de Velde, Chagall und Miró, deren Werke heute die Wände der »Kronenhalle« füllen. Bald kamen Richard Strauss, Igor Strawinsky, Franz Lehar und noch viele Prominente mehr: Einstein so gut wie Nils Bohr, Fernand Léger, Max Bill, Frank Stella und Robert Rauschenberg.

Hulda Zumsteg, die »Mutter der Kronenhalle«, verstarb im Juli 1984 unter großer Anteilnahme ihrer zahlreichen Freunde und der Öffentlichkeit in ihrem 94. Lebensjahr. Ihr Sohn, der Seidenkaufmann Gustav Zumsteg, Alleinerbe des gastronomischen und gesellschaftlichen Kleinods, errichtete eine Stiftung, damit die »Kronenhalle« der Stadt Zürich und der Künstlerwelt auch in Zukunft erhalten bleibe.

HALBINSEL AU

bei Wädenswil

Zürichs klassisches Ausflugsziel und Pilgerort für Literaturbeflissene alter Schule ist die idyllische Halbinsel Au, eine halbstündige Seefahrt von Zürich. Stammvater dieser Verehrung war Friedrich Gottfried Klopstock, Germaniens erster Dichter, wie er gerühmt wurde. Zwar besaß Deutschland schon vor ihm eine kraftvolle Literatur, aber Klopstock »goß den deutschen Wein in griechische Pokale«. Mag sein »Messias« noch immer geehrt werden, lesbar ist er nicht mehr. Anders seine Oden, die seinen poetischen Schwung noch nachfühlen lassen. Klopstocks 19strophige »Ode auf den Zürchersee« beflügelte die ganze damalige Literatur: »Schön ist, Mutter Natur, deiner Erfindung Pracht…« In ihrem Kielwasser schwammen ganze Generationen von Verseschmieden. Es klopstockte von Zürich bis Berlin. Der Zürichsee wurde zum meistbesungenen Gewässer und die Au zur Perle in der Muschel. Ja, ohne dieses überstiegene Hohelied auf Wein, Weib und Gesang wäre Zürich nicht zu jener Kunststadt geworden, die sich ein halbes Jahrhundert lang Limmat-Athen, der Musen Hort und Quelle der deutschen Klassik, nennen durfte.

Ausgangspunkt war der 20. Juli 1750: Klopstock ließ sich von Zürichs Anakreontikern im Segelschiff zur Au hinauf fahren. Küßchen, Händchenhalten, beseligtes Lächeln, Tändeln und Scherzen machten den Tag zu einer reizvollen Rokokominiatur:

Süß ist, fröhlicher Lenz, deiner Begeisterung
* Hauch,*
Wenn die Flur dich gebiert, wenn sich dein
* Odem sanft*
In der Jünglinge Herzen
Und die Herzen der Mädchen gießt.

Man durchstreifte den Eichenhain der Halbinsel, der einst die Masten für die Zürcher Kriegsschiffe geliefert hatte, trank auf Kleist, Heine, Ebert und Bodmer, pries das unverfälschte Naturparadies, das so ungetrübt nur noch in Helvetien zu finden wäre.

Hingerissen von Klopstocks poetischem Höhenflug wiederholte Goethe 25 Jahre später die Fahrt, und noch auf dem Boot schrieb er seine eigene Zürcher Ode »Auf dem See«:

Und frische Nahrung, neues Blut
Saug' ich aus freier Welt;
Wie ist Natur so hold und gut,
Die mich am Busen hält!
Die Welle wieget unsern Kahn
Im Rudertakt hinauf,
Und Berge, wolkig himmelan,
Begegnen unserm Lauf.

Entdeckt wurde die malerische Au im 17. Jahrhundert von jenem skurrilen Zürcher General in fremden Diensten Hans Rudolf Werdmüller (1614–1677), den C. F. Meyer in seiner Novelle »Der Schuß von der Kanzel« aufs Korn nahm. 1650 hatte sich der Abenteurer auf der Halbinsel ein Lustschlößchen bauen lassen: ruhender Pol in seinem turbulenten Leben als General in Schweden, Venedig, Paris und Wien. Weil er eigenhändig meuternde Untertanen erschossen hatte, sich als Lakai einen Mohren hielt und schließlich noch zum römischen Glauben konvertierte, genoß er in Zürich einen miserablen Ruf. Die Au wurde auf Jahrzehnte gemieden, da die Sage umging, Werdmüller habe sich dem Teufel verschrieben.

1858/66 bauten zwei Brüder Leuthold auf der Au einen Gasthof, der aber trotz seefrischer Forellen, eigenem Au-Wein, frischem Wädenswiler Bier und fleißig propagierter Molkekuren 1883 in Konkurs ging. Zutiefst betrübt waren die Zürcher Studenten, denn

Auf der Halbinsel Au, 1928.

ihre jährliche Maifahrt per Salondampfer mit »Besen«, wie sie ihre Damen nannten, führte hinauf zur Au, wo mit Tanz und Gesang der Frühling gefeiert wurde. Begossen wurde hier bald auch der Doktorhut, die Hochzeit und die Kindstaufe. Viele studentische Salamander wurden gerieben und etliche Erinnerungsbecher gehoben. Wädenswiler Bier galt als besonders süffig, und sein Schaum schlug sich in manchem Stammbuch nieder:

Kehr ich heim von der Au,
der schäumenden Quelle,
bin ich meistens so blau
wie die Forelle!

Auch der Nachfolger der Leutholds war kein geschickter Wirtschafter. Im Frühling 1911 wurde das Restaurant und Hotel »Zur Au« versteigert. Nun griff der Wädenswiler Bierbrauer Fritz Weber (1876–1955) ein. Er konnte nicht tatenlos zusehen, wie eine seiner fleißigsten Zapfstellen versiegte. Als Verwaltungsrat der Zürcher Dampfbootgesellschaft befürchtete er zudem den Ausfall von Tausenden von Passagieren, die jährlich die Halbinsel Au ansteuerten. Daneben war Weber Gemeindepräsident von Wädenswil und fühlte sich dem Heimat- und Naturschutz verpflichtet. Zusammen mit neun »Seebuben« – so nennen sich am Zürichsee auch sehr alte Knaben – und fünf Vertretern der Dampfboot-Gesellschaft gründete er das Au-Konsortium: »Die Genossenschaft wird gebildet zum Zwecke, die Liegenschaft zur Au zu erwerben und die Au im Interesse des Fremdenverkehrs am Zürichsee als einen dem Publikum zugänglichen Ausflugsort zu erhalten.«

Renovationen, Reparaturen und mehrere neue Pachtwirte gaben sich die Hand: kleine Portionen und hohe Preise! Nach dem Ersten Weltkrieg ging es wieder bergauf. Schließlich entschloß sich der Au-Präsident Dr. Walter Weber zu einem Neubau, der 1959 eröffnet wurde und seither bestens floriert.

Der ganzen leidigen Au-Geschichte war das Glück zu Hilfe gekommen. Wädenswil wurde Sitz der Eidgenössischen Forschungsanstalt für Obstbau. Ihr erster Direktor war ein gewisser Hermann Müller-Thurgau, dem 1891 die frühreifende, frostresistente Rebenkreuzung »Riesling Sylvaner« gelang. Am Sonnenhang der Au wurde der neue Wein über Generationen gehegt und gepflegt: bald ein Welterfolg, wie es keinen ähnlichen gibt. Die Forschungsstelle, heute »Interkantonale Schule für Obst-, Wein- und Gartenbau«, legte am Au-Hügel ihren Schulrebberg an, in dem alte vernachlässigte Sorten wieder aufgezüchtet werden: Räuschling, Pinot Gris, Gewürztraminer, Chardonnay, Bacchus und Kerner. Vorläufige Krönung bildet das 1978 eröffnete Weinbau-Museum in der renovierten Au-Scheune. Es dokumentiert zürcherische Weinkultur, die Arbeit des Rebbauern und was es braucht, bis ein hervorragender Tropfen auf den Tisch kommt. So ist die Au wieder aus ihrem Dornröschenschlaf erwacht. Das Restaurant und das Museum arbeiten Hand in Hand. Das weiß der Zürcher und das merkt der Gast:

»Sei schlau, fahr zur Au, genieß' Natur und Weinkultur!«

Die Seilbahn Rigiviertel, links oben der Berggasthof »Rigiblick«, um 1905.

ALKOHOLFREIES RESTAURANT RIGIBLICK

Germaniastraße 99

Wie das unglückliche »Uto-Kulm« und das bestens florierende »Dolder« war auch der »Rigiblick« oben am Zürichberg ein Spekulationsobjekt: Berggasthaus einer Drahtseilbahn, für die noch kein Bedürfnis bestand. Ein gewagtes Unternehmen! Kopf oder Zahl? Zwischen Pleite und Blüte fand der »Rigiblick« einen dritten Weg.

Begründer der Bahn und des Berghotels war der Baumeister Albert Grether. Er wollte den noch mit Reben bestockten Zürichberghang über der Außengemeinde Oberstraß in ein gehobenes Villenviertel verwandeln. Doch bis das Gebiet – heute ein hochdotiertes Wohnviertel – als Bauland genügend erschlossen war, dauerte es noch über ein Jahrzehnt. Schon

1885 hatte das Wanderbüchlein »Zürich und seine Umgebung« das frohe Ereignis vorausgesagt: »In nächster Zeit soll der an Spaziergängen reiche Zürichberg durch eine Bahnanlage erschlossen werden.«

Eröffnet wurde die »Seilbahn Rigiviertel« aber erst im folgenden Jahrhundert, Anfang August 1901. Die »Hotel und Kurhaus Rigiblick AG« hatte schon einen Monat früher auf eine gute Zukunft angestoßen: mit Champagner und viel Optimismus. Aber das hoch oben, direkt am Waldrand gelegene Nobelhotel hatte die Rechnung ohne den Kunden gemacht. Die 30 Betten für Kurgäste standen zumeist leer, die brillanten Abendgesellschaften waren spärlicher und sparsamer als erwartet. Das wirkte sich auch auf die Seilbahn aus. Sie garantierte späten Gästen keine Rückfahrt mehr, und Zürichs Droschkiers verlangten, wenn sie überhaupt kamen, für die lange, steile Fahrt einen Bergzuschlag, der nirgends im Taxenreglement zu finden war. Der Konkurs des »Rigiblick« war nur noch eine Frage der Zeit, solvente Kaufinteressenten gab es kaum.

Rettung kam vom »Frauenverein für alkoholfreie Wirtschaften«. Die Frauen kauften das aussichtslose Aussichtsrestaurant im Sommer 1914. Ihr Aushängeschild war St. Georg, der Drachentöter. Ihr Kampf gegen den Volksfeind Alkohol war vor allem den Weinstuben- und Bierhallenwirten ein Dorn im Auge. Aber der Erfolg der »Alkoholfreien« ließ sich nicht aufhalten. Sie stritten mit Mut und Poesie für ihre Sache:

Der Heimat Gau'n durchzog ein grimmer Feind.
Von seinen gift'gen Pfeilen hingerafft
Sank Mannesstolz und edle Jugendkraft. –
Da haben Frauen sich zum Kampf vereint,
Als Schwert die Liebe und als blanken Schild
Den Glauben an ein tröstlich Zukunftsbild,
also gewappnet zog ihr Trüpplein aus…

Drahtseilbahn Rigiviertel, 1901.

Alkoholfreies Restaurant und Kurhaus »Zürichberg«, um 1910.

Heut ihren Sieg verkündigt Haus um Haus
Dazu bestimmt, daß, wer da tritt herein,
Mög' vor dem grimmen Feind geborgen sein.

Seit 1894 hatte der Frauenverein bereits einige namhafte Weinlokale trockengelegt: den »Kleinen Martahof« und den »Olivenbaum« in Stadelhofen, das »Rütli« an der Zähringerstra-

ße, den »Sonnenblick« an der Langstraße, den »Lindenbaum« im Seefeld, das zentrale Haus »Karl der Große« an der Kirchgasse und in Fluntern das »Kurhaus Zürichberg«.

Die alkoholfreien Damen bekämpften den Trinkzwang und das Trinkgeld, machten aus den Kellnerinnen fest bezahlte Serviertöchter und senkten die Preise bis auf die Selbstkosten.

Zusammen mit Professor Hermann Müller-Thurgau, dem Leiter der Eidgenössischen Versuchsanstalt Wädenswil, der durch die Rebenkreuzung »Riesling Sylvaner« einen neuen Wein kreiert hatte, lancierte der Frauenverein erstmals unvergorene Trauben- und Obstsäfte.

Trotz aller Popularität war der »Rigiblick«, ein Großunternehmen mit Personalhaus, gro-

ZUM FALKEN

Wiedikon, Birmensdorferstraße 150

Vor dem Restaurant »Rigiblick«, 1908.

Wiedikon, die kleine Bauerngemeinde am Fuße des Uetlibergs, seit nun 100 Jahre eines der dichtesten Zürcher Stadtviertel, wurde 1846 als jene stadtnahe Ortschaft bezeichnet, die am »seltensten betreten« werde. Das hatte militärische Gründe: Die Sihl, die Zürich von Wiedikon trennt, besaß zur besseren Verteidigung der Stadt gegen einen Feind vom Süden her nur einen einzigen Flußübergang, und die Straße darüber führte ziemlich weit an Wiedikon vorbei. In dieser Isolation entwickelte die in einem stillen Winkel gelegene Gemeinde ein völliges Eigenleben. Jeder Einwohner war hier als längst seßhafter auch stimm- und wahlberechtigter Bürger. Zuzügler und Blutauffrischung gab es kaum.

1620 beschloß die Bürgerschaft, ein eigenes Gemeinde- und Gesellenhaus zu errichten, das auch der Schule zu dienen habe. Jeder Gemeindebürger hatte ein Schild mit seinem Wappen beizusteuern, das dann auf einer Sammeltafel angebracht wurde: Bürgerregister und Saalschmuck in heraldischer Ausführung. Der von der Gemeindeversammlung gewählte »Tafelmeister« hatte dieses bildhafte Verzeichnis zu überwachen und die Zu- und Abgänge zu besorgen. Daneben oblag ihm die Aufsicht über den Wirtshauspächter. Dessen Pacht bestand aus dem Zins in Bargeld und einem alljährlich zu verabfolgenden Bürgertrunk. Auf diese Weise wurde das der Gemeinde gehörende Gesellenhaus zum politischen und wirtschaftlichen Mittelpunkt des ganzen Lebens. Hier wurde getauft, geheiratet und zum Leidmahl gebeten. Hier tagte die Bürgergemeinde, die Viehgenossenschaft, die Schul-, Kirchen- und Armenpflege.

ßem Theatersaal und riesiger Kaffee-Terrasse, auf die Dauer nicht mehr tragbar. 1976 kaufte die Stadt Zürich den »Rigiblick« und übergab die Leitung wiederum dem Frauenverein, damit »das beliebte Ausflugsrestaurant mit den bescheidenen Preisen der Öffentlichkeit erhalten bleibe«.

Gasthof »Zum Falken« in Wiedikon, 1897.

Gegenüber anderen Wirtshäusern genoß das Gesellenhaus einige Vorrechte, aber der Wirt war ein geplagter Mann. Neben dem Gemeindesaal, dem Tanzboden und kleineren Stuben verfügte das Haus über große Stallungen und eine Scheune, in der im Notfall 200 Soldaten unterzubringen waren. Und ein Betrieb, in dessen Leistung jeder Gemeindebürger dreinreden konnte, war eine demokratische Sklaverei. Die größte Krux war der Bürgertrunk. Er fand jeweils am Neujahrstag statt und hatte auf Kosten des Wirts jeden zufriedenzustellen. Um die Mitte des 19. Jahrhunderts bestand er für jeden anwesenden Bürger aus einer Suppe, einem Pfund Brot, zwei Pfund Fleisch und »guten alten Weins genug«. Bürgern, die nicht zum Trunk kamen, mußte dieser »Bürgernutzen« ins Haus gebracht werden. 1866 waren das 75 Lieferungen, nicht eingerechnet die Bürgerwitwen, die eine halbe Maß Wein, ein Pfund Brot und ein Pfund Rindfleisch bezogen. Für die Herren Gemeinderäte und ihre Ehrengäste gab es zusätzlich »ein Abendessen nach Wahl«, und die wußten, was gut ist.

Ein neues kantonales Gemeindegesetz um 1865 schränkte solche Bürgernutzen ein, doch die Wiediker fanden, die Verpflichtung des gewählten Pächters bestehe weiterhin und er habe ihr bis 1871 nachzukommen. Dank einer Neuregelung dauerte der alte Bürgerbrauch dann nochmals ein halbes Dutzend Jahre fort.

Schon um die Mitte des 17. Jahrhunderts ließen die Wiediker zum Schmuck ihrer Gemeindetaverne ein Wappenschild anfertigen. Nach rund 200 Jahren war es so verwittert, daß der Wirt 1833 um ein neues Hauszeichen nachsuchte. Der Gemeinderat gab zu, daß das alte Pintenwappen nicht mehr der Zeit entspreche. Doch die Bürgergemeinde fürchtete größere Kosten, die zumindest größer werden würden als der Nutzen. Schließlich sei es doch ihre höchsteigene Taverne, und der Eingeborene finde diese auch bei Nacht und Nebel. Erst nach einer Hausrenovierung von 1841 erklärte die Mehrheit, das Wirtshausschild sei der schäbigste Punkt am ganzen Gebäude, und wenn sich einmal ein nobler Stadtbürger nach Wiedikon verirre, müsse er wissen, daß diese Gemeinde keine Wüste Sahara sei. Als Hauszei-

chen wurde ein kräftiger Ochse vorgeschlagen, wie auf den Weiden Wiedikons wohl einige Musterexemplare zu finden wären, worüber man aber nicht einig wurde. Die Suche nach einer allgemein gefälligen Lösung, die nicht allzuschwer zu Buche schlage, beendete der Gemeinderat mit einem seldwylerischen Vorschlag: In der reichen Gemeinde Riesbach am entgegengesetzten Rande der Stadt, sei das Schild des früheren Gasthofs »Zum Falken« gegen ein paar gute Worte zu einem billigen Preis zu haben. Freilich, ein bißchen Blattgold könne dem Kleinod nicht schaden.

Wiedikon griff zu und erhielt neben dem ehrwürdigen Riesbacher Schild am 16. Februar 1842 vom Kantonalen Abgabungsdepartement die Bewilligung, den bisherigen Namen des Gemeindehauses von »Taverne zum Gemeindewappen« in »Taverne zum Falken« abzuändern. Die Umtaufe wurde reichlich begossen, und jedermann war zufrieden. Auch der Wirt, der das Gasthaus nun als »Goldener Falke« annoncierte.

Die Zürichstraßenbahn beim »Vorderberg« in Fluntern, um 1910.

VORDERBERG

Fluntern, Zürichbergstraße 75

Fluntern, einst blühende Rebbaugemeinde und Klosterhof am Sonnenhang des Zürichbergs, führt noch immer zwei weiße, gekreuzte Lilien im Wappen. Sie erinnern an das Gesellen- und Gemeindehaus »Lilie«, das neben der kleinen Kirche stand und zusammen mit dem ersten Schulhäuschen das Dorfzentrum bilde-

te. Die 1726 erbaute »Lilie« war der Stolz der Gemeinde, und ein Pfarrer pries sie als ein Haus »in schmucklosem weißem Gewand, in der Farbe der Unschuld und Reinheit«. Offenbar hatte diese Unschuld ein paar dunkle Flekken, denn ein sittenstrenger Fluntermer meinte: »so dürfen wir (ohne uns schwer zu versündigen) nicht behaupten, daß unser Gesellen- und Wirtshaus rein und heilig könne geheißen werden«. Trotzdem fand in der »Lilie« jeweils durch die Fluntermer Frauen die Wahl der

Hebamme statt, bei der nach altem Gemeindebrauch reichlich eigener Wein, Salat und Schafsbraten aufgetischt wurde. »Die (fr)essen mehr als die Männer!«

1836 verkaufte die Gemeinde die zu klein gewordene »Lilie« an den ehemaligen Gemeindepräsidenten Jakob Hürlimann und übertrug ihr Schenkrecht auf das Wirtshaus »Zur Platte«. Als Ausflugsort für Zürichberg-Wanderer gedieh das alte Haus unter dem neuen Namen »Weingarten« schlecht und

Restaurant »Zum Weingarten«, heute »Vorderberg«, in Fluntern.

recht. 1890 war sogar eine Drahtseilbahn nach Fluntern geplant, doch die Elektrische Straßenbahn kam ihr 1895 zuvor. Beim »Weingarten« hieß es: »Alles aussteigen!« was dem Wirt einen erfreulichen Zuwachs brachte. »Fluntermer«, der aber kaum mehr in den eigenen Rebbergen wuchs, und ein »zünftiges Zvieriplättli« krönten den Sonntagsspaziergang.

Doch als die Straßenbahn nach dem Zoo hinauf verlängert und zweigleisig wurde, stand der »Weingarten« den Tramherren nur noch im Wege: »Abbruch und freie Fahrt dem modernen Verkehr!«

1963 sollte er vom Erdboden verschwinden, was im letzten Moment die Zürcher Stimmbürger verhinderten. Der »Vorderberg«, wie er heute heißt, wurde als ehrwürdiges Quartier- und Ausflugsrestaurant aufs schönste renoviert und von der »Genossenschaft Vorderberg« übernommen, hinter der die traditionsverbundene Studentenverbindung »Zofingia« steht: »Drum, Brüderchen, ergo bibamus…«

Hotel und Gasthof »Krone« in Unterstrass, Juni 1928.

HOTEL KRONE

Unterstrass, Schaffhauserstraße 1

O Löwe, Stern und du, vertraute Krone,
erlauchte Zeichen alter Gastlichkeit,
es riecht nach Bauernwurst und Speck und
    Bohne,
der Mittag summt und leise tickt die Zeit.

Die »Krone«, der »Sternen«, die »Linde« und
der »Löwen« gehören zu den altzürcherischen
Landgasthöfen. Sie waren und sind nicht immer Kronen der zeitgemäßen Gastronomie,
doch die Sterne waren schon vor Baedeker da.

In der Regel bürgen sie für eine gemütliche Gaststube und ein gutbürgerliches, reichliches Essen: »Hier wird noch mit Butter und Liebe gekocht.« Als vornehm-anspruchsvolles Restaurant-Hotel wird heute die »Krone Unterstrass« geschätzt. Einst draußen vor der Stadtmauer gelegen, ist sie heute das gesellschaftliche Zentrum eines begehrten Wohnviertels, das bereits zur City zählt.

Vor allem im 18. und im frühen 19. Jahrhundert war die »Krone« an der Klotenstraße, die nach dem Unterland und den Rheinstädtchen Eglisau und Schaffhausen führte, eine letzte Absteige verspäteter Fuhrleute auf dem Weg in die Stadt, denn bis 1830 herrschten im sittenstrengen Zürich mittelalterliche Bräuche: Nach Einbruch der Nacht wurden die sieben Stadttore geschlossen, mit militärischen Posten besetzt und die Schlüssel auf die Hauptwache beim Rathaus gebracht. Ein »Nachtvogel« wurde erst nach peinlicher Befragung, langer Wartezeit und einem ausführlichen Rapport an den Polizeihauptmann wieder eingelassen. Es waren vor allem prominente Herren, die sich gelegentlich im Gasthaus einer Außengemeinde mit Freunden und Kollegen zu einem gemütlichen Kartenabend trafen und

nun – nicht zeitig aufgebrochen – vor verriegelten Toren standen. »Mancher ehrliebende Bürgersmann, dem der Riegel vor der Nase zugeschoben wird, zieht es vor, in den Gasthof zurückzukehren und dort zu übernachten, als sich der Gefahr auszusetzen, als übler Hausvater verschrien zu werden.«

Schon 1720 galt die »Krone« als Pferdestation und Herberge für süddeutsche Fuhrleute. Sie verfügte über eine Scheune und große Stallungen. Ein schattiger Baumgarten, eigenes Rebgelände und Untersträssler Gambrinus-Bier machten die ländliche »Krone« im Biedermeier zum idyllischen Ausflugsziel auch für Städter. Auf mit Bänken aufgemöbelten Fuhrwerken »unter Laubgewinde« fuhr die Jungmannschaft hinaus, um den Frühling zu begrüßen und den jungen Wein zu probieren. Im Dezember 1842 verschwellte hier der später allgewaltige Staatsmann, Finanzmagnat und Eisenbahnkönig Alfred Escher seinen Doktorhut cum laude. Sein Freund und politischer Gegenpol, der Dichter und Staatsschreiber Gottfried Keller, nahm im Garten gerne ein Schöppchen, wenn er ins Grüne hinaus marschierte oder in Unterstrass an einer Versammlung der Liberalen teilnahm.

Größer als die »Krone« war freilich das »Weiße Kreuz« (heute Lehrerseminar Unterstrass), in dem wichtige Vereinsversammlungen stattfanden und das den besonderen Segen der Obrigkeit und der Kirche genoß. Aber gehobenen Gästen war es zu laut. Als nebenamtlicher Tanzlehrer fungierte dort ein Schneider aus Altstetten. »Wenn der Pfarrer in seiner Kinderunterweisung noch nicht das Amen gesprochen hatte, rückten schon die Sonntagsgäste ein, und die jungen Leute rüsteten sich zum Tanz.« Im Protokoll vom 26. März 1851 hielt der Gemeinderat fest, das Gemeindewirtshaus werde vermutlich »auf nicht anständige Art« betrieben. Es ging um eine Regierungsuntersuchung über verstecktes Dirnen- und Zuhältertum, das überall auf der nahen Landschaft seine Schlupfwinkel hatte.

Mehrere größere Brände setzten der »Krone« vor und nach der Jahrhundertwende zu, aber sie erhob sich dank ihrem guten Ruf immer wieder aus der Asche. 1935 wurde der ganze Komplex mit Scheune und Stall abgetragen und drei Jahre später als neue »Krone« mit Sälen, Restaurants, Hotelzimmern und Gesellschaftsräumen festlich begossen. »Was wäre Unterstrass ohne die ›Krone‹?«

GESELLSCHAFTSHAUS BÜRGLITERRASSE

Enge

Zürichs Nachbargemeinde am See, die Enge, erlebte ihren raschen Aufschwung vom grünen Bauern- und Rebleutedorf zum vornehmen Stadtviertel in der zweiten Hälfte des vorigen Jahrhunderts. Über Nacht reich gewordene Industriegründer bauten draußen vor der lärmerfüllten Stadt ihre prachtvollen Villen mit einem Prunk, dem man die Potenz der beleibten Besitzer schon vom Schiff aus ansah: »Was man hat zu Eigen, darf man ruhig zeigen!«

Der Stammtisch der Neu-Engemer stand seit 1838 in dem von Diethelm Fritz erbauten Gasthof »Bürgli« an einer Anhöhe, auf deren Kuppe das herrschaftliche, etwas trutzige Rebgut »Zum oberen Bürgli« lag, in dem später Gottfried Keller seine reifsten Werke schrieb. Natürlich wurde Bürgliwein getrunken, der heute noch zu den exklusivsten »Provinienzen« zählt. Der Gasthof, »dreihundert Fuß über dem See«, galt als der »schönstgelegene und bestbesuchte« in Zürichs Umgebung.

1863 entschloß sich der neue Besitzer A. Brandenberger, den gemütlichen Landgasthof zum »Gesellschaftshaus Bürgliterrasse« aus- und umzubauen. Vor allem sein großer Speise- und Tanzsaal wurde zum vornehmen Anziehungspunkt der Engemer und vieler Städter. Für Ausflügler richtete er Gästezimmer ein. Der kleine Turmanbau mit leichtem Riegelwerk diente später als Vorbild für die beiden Ecktürme des Engemer Bahnhofs.

Kirche Enge, um 1898.

Vielgerühmt und hochgepriesen wurde der freie Rundblick von der Terrasse auf die Stadt, den See und die am anderen Ufer gelegenen Gemeinden, die mit der neuen Villenpracht in der Enge wetteiferten. In seinem lithographierten Eröffnungsprospekt empfahl Brandenberger »allen Freunden einer schönen Na-

tur das mit der herrlichsten Fernsicht in die Gebirgswelt, den See und die Umgebung der Stadt Zürich besagte Gesellschaftshaus«.

Im geselligen Leben der Engemer spielte die »Bürgliterrasse« bald die erste Geige. Doch nach Brandenbergers Tod im Jahre 1871 war der Wert der Liegenschaft bereits so hoch, daß

nur einer der begütertsten Zürcher das Geld auf den verwaisten Schanktisch legen konnte: der Eisenbahnspekulant und Erbauer der Jungfraubahn Adolf Guyer-Zeller. Er war ein Wirtschaftsmagnat, dem es nicht um die Erhaltung der »Bürgli«-Wirtschaft ging. An ihrer Stelle plante er für sich ein Landhaus »mit

»Bürgliterrasse« in Enge, 1885.

einfachen, aber kräftig gehaltenen Formen«, um künftig zu Fuß »die regulären Pendelschwingungen zu meinen Büros an der Bahnhofstraße zu machen, was sanitärisch besser ist, als wenn ich wie bisher nur eine Treppe höher steigen muß«. Er wehrte sich in den achtziger Jahren mit der ihm eigenen Hartnäk-

kigkeit gegen das Ansinnen der Kirchgemeinde, hier an allerschönster Lage eine Kirche zu bauen. Der Streit dauerte fast zehn Jahre und spaltete die Gemeinde in zwei gehässige Lager. Ein anonymer Engemer, der auf der Seite der Kirchenpfleger stand, schrieb 1890 in der »Neuen Zürcher Zeitung«:

Schönster Punkt in Zürichs Nähe, laß mich heut'
dich recht besehen.
O wie herrlich wird' ein Tempel hier auf diesem
Hügel stehen!
Und wenn morgen zur Gemeinde Alt und Jung
zum Bürgli steigen,

Möge sich die liebe Heimat uns so recht im
Glanze zeigen!
Lasset uns die Hand dann reichen! Laßt uns
bau'n zu Gottes Ehre!
Daß die Eintracht, daß der Friede in die Enge
wiederkehre.

Noch im gleichen Jahr fiel die gerichtliche Entscheidung: Gemeinwohl geht über Eigenwohl! Die Terrasse wurde expropriiert. Die Engemer errichteten als ihr allerletztes Bauvorhaben vor dem Anschluß an die Stadt eine monumentale Kirche, die schon von Anfang an viel zu groß war, aber in die türmereiche Zürcher Silhouette mit ihrer gewaltigen Kuppel einen neuen Akzent setzte. Am 24. Juni 1894 wurde sie eingeweiht. Der Männerchor sang »Das ist der Tag des Herrn«. Einige alte Kirchgänger und ehemaligen Terrassengäste waren darob gar nicht glücklich, denn zum Festbankett mußten die alten Kracher nun ins weit abgelegene Wirtshaus »Zur Brunau« hinauspilgern:

Die Enge, nun der Stadt verschworen,
hat auch ihren Geist verloren.
Wie heimelig war's einst beim Jasse
auf der Bürgli'schen Terrasse!

GASTHOF ZUR LINDE

Oberstrass, Universitätsstraße 91

Mit der Zunftordnung von 1336 wurde auch das bisher ungeregelte Herbergswesen organisiert. Zuständig für die Erteilung von Wirtschaftspatenten war der Rat auf Antrag der Weinleute auf der Meisenzunft. Das Tavernenrecht war an das Haus, nicht an den Wirt gebunden und konnte nicht gelöscht werden. Dieses Privileg besteht heute noch; auch wenn für einen tavernenberechtigten Gasthof längst kein Bedürfnis mehr besteht. Seit 1939 erst gilt der Zusatz, daß ein nicht mehr genutztes Recht nach zehn Jahren erlischt. Die Tavernenrechte, von denen im Kanton Zürich noch immer 120 ausgeübt werden, sollten garantieren, daß Pilger oder Kaufleute überall in erreichbarer Nähe eine Unterkunft fanden.

Die heutige »Linde« in Oberstrass wurde schon 1793 als Herberge bezeichnet, allerdings ohne Tavernenrecht, aber sie wurde geduldet, weil hier ankommende Marktfahrer übernachten konnten, wenn die Stadttore schon geschlossen waren. Ein Johann Conrad Ziegler aus Winterthur kaufte die Liegenschaft 1798 und baute sie zu einer größeren Gaststätte um, wofür ihm der Rat das Tavernenrecht zuerkannte. Doch noch während der Bauzeit rückten die Franzosen in Zürich ein. Das von ihnen befohlene Helvetische Direktorium hob alle neuerteilten Privilegien auf. Nun besaß Ziegler zwar ein Hotel, aber keine Wirteerlaubnis. So blieb ihm nichts anderes übrig, als in der Stadt ein Haus mit altem Tavernenrecht zu kaufen: die »Linde« an der Stüssihofstatt. Mit Bewilligung der Regierung verlegte er nun den Namen der gekauften Liegenschaft samt Tavernenrecht auf sein Haus in Oberstrass und nahm gleich auch das schöne Wirtshausschild mit.

Die neue »Linde« florierte von Anfang an, denn sie lag an der Hauptstraße von Winterthur nach Zürich. Sie erlebte als ansehnliches Gasthaus vor der Stadt bald allerlei Lokalpolitik. Im »Zürichputsch« vom September 1839, als die reaktionären Bauern mit Dreschflegeln und Sensen gegen die liberale Regierung in die Stadt zogen, sammelten sich hier die Anführer der Landschaft. Als gemütvoller Gasthof mit eigenem Bier wurde die »Linde« bald zum beliebten Ausflugsort.

1951 wählte die 1925 geschaffene Zunft Oberstrass den schönen Saal im Obergeschoß zu ihrem Zunftlokal, der mehrmals renoviert wurde und noch heute zu den schönsten Stuben der neueren Zünfte zählt. Die Zünfter hätten das Haus gerne gekauft, aber 1979 kam ihnen die Kyburger Studentenverbindung zuvor. Eine Genossenschaft der Altherren kaufte das Haus und hob den Hotelbetrieb zugunsten eines guten Gastwirtschafts- und Saalbetriebes auf.

Der Gasthof »Zur Linde« in Oberstrass, Mai 1901.

196

Die 1897 eröffnete Straßenbahn Zürich–Oerlikon–Seebach (ZOS) erreichte mit einer Zweiglinie ab 1906 auch Schwamendingen beim Gasthaus »Zum Hirschen«, 1906.

ZUM HIRSCHEN

Schwamendingen, Winterthurerstraße 519

Ein Gasthaus »Zum Hirschen« mit entsprechendem Wirtshausschild gibt es auf Zürichs Landschaft in jedem größeren Dorf. Hier war einst der Stammtisch der Jäger und Förster. Der Wirt verstand sich auf Wildbraten, Rehrücken, Hasenpfeffer und was der edle Waidmann von der Pirsch gerade heimbrachte. Einer der behäbigsten »Hirschen«-Gasthöfe war und ist jener in Schwamendingen, der einst bedeutenden Bauerngemeinde, die 1934 zu Zürich kam. Für die Schwamendinger war der Anschluß an die Stadt die Rettung aus der Wirtschaftskrise, für Zürich die Einverleibung großer Landreserven. Heute ist der Gasthof »Zum Hirschen« von Hoch- und Geschäfts-

häusern eng umstellt, und es braucht viel Phantasie, um seine einstige Größe und Breitschultrigkeit hinter dem schlichten alten Dorfbrunnen noch herauszuspüren.

Zürichs nordöstliche Ausfallstraße führte bis zum Bau der Eisenbahnen um 1855 durch Schwamendingen, wo sie sich beim »Hirschen« nach Winterthur und nach dem Oberland gabelte. Hier trafen sich die Fuhrleute, die in die Stadt wollten, zu einem gemütlichen

Dorfplatz in Schwamendingen, um 1937.

Trunk, einem Bauernschüblig oder Käseteller. Hier ließ man die Zugtiere noch einmal ausruhen, bevor man den letzten steilen Stutz vom Glattal hinüber ins Limmattal unter die Räder nahm. Und der »Hirschen«-Wirt ließ sie nicht im Stich. In seinen Stallungen standen immer 20 bis 25 Pferde, um Vorspann zu leisten. Und wenn große Zürcher Markt- und Festtage stattfanden, mußten auch Ochsen und Kühe in die Sielen.

Schon 1638 wird der »Hirschen« als wichtiger Gasthof genannt, und das blieb über 200 Jahre so. Auch für Bauernhochzeiten vornehmer Zürcher des 18. Jahrhunderts wurde er entdeckt oder im Biedermeier für eine sentimentale Landpartie. Doch wenig später hatte er seine Bedeutung als Jägerkneipe und Unterkunft für jene Fuhrleute eingebüßt, die hier noch ein Nachtlager suchten, wenn Zürichs Stadttore bereits geschlossen waren.

Das Gasthaus »Zum Hirschen« hat den Wandel Schwamendingens vom malerischen Dorf zum unübersichtlichen Stadtviertel mit Gleichmut ertragen. Vermutlich dafür wurde er zum Zunftlokal der 1975 gegründeten Zunft »Schwamendingen« auserkoren, zum gesellschaftlichen Treffpunkt jener »Damenschwinger«, die sich echt altbäuerlicher Tradition verbunden und sich doch als rechte Zürcher fühlen.

HOTEL-RESTAURANT STERNEN

Oerlikon, Schaffhauserstraße 335

Oerlikon gilt heute als eigenständiges Außenviertel der Stadt Zürich, von der es 1934 politisch einverleibt wurde. Nötig hätte Oerlikon diesen Anschluß beileibe nicht gehabt, denn die bis dahin selbständige Gemeinde war nicht nur die reichste, sondern auch die fortschrittlichste im ganzen Kanton. Heute ist Oerlikon selber das wirtschaftliche Zentrum einer ganzen Stadt, »Zürich-Nord« geheißen. Und im Mittelpunkt dieses modernen Zentrums wurde 1897 das Hotel-Restaurant »Sternen« gegründet.

»Sternen« gibt es unzählige in der deutschsprachigen Schweiz. Sie sollen an den Stern von Bethlehem erinnern und von beträchtlichem Alter sein.

Der »Sternen Oerlikon«, wie er im Adreßbuch aufgeführt wird, bewies seine Berechtigung auf andere Art: Er dominierte die Straßenkreuzungen, wo alle wichtigen Straßen der Gemeinde – zum Bahnhof, zum Marktplatz, zur Kirche, in die Stadt Zürich und nach Schwamendingen – zusammenliefen. Im Berghausstil erbaut, der damals eben im Schwange war, genoß das Hotel auch äußerlich großes Ansehen. Vor der Türe lag die zentrale Haltestelle der gemeindeeigenen elektrischen Straßenbahn, während man sich in der selbstbewußten Stadt Zürich noch lange mit »animalischer Traktion«, nämlich der Pferdebahn, begnügen mußte.

Neben der vornehmen Oerliker Bürgerschaft und vielen Vereinen, die hier ihren Mittags-, Stamm- und Abendtisch hatten, waren es vor allem die heute weltbekannten Unternehmen der Maschinen- und Werkzeugindustrie, die für illustre Hotelgäste sorgten. Wenn gar der Kaiser von Äthiopien kam, um sich hier nach Oerlikon-Kanonen umzusehen, standen

Hotel-Restaurant »Sternen« in Oerlikon, um 1915.

die Kinder staunend am Straßenrand. Wer hatte schon einen Schwarzen, der zudem noch ein Kaiser war, gesehen? Viele weitere Gäste waren populärere Berühmtheiten: internationale Pedaleure, die wegen des Velodroms kamen, Autogramme verteilten und heute längst vergessen sind.

Seither hat die Frequenz des mehrmals modernisierten Hotels »Sternen« nicht abgenommen. Als Zunfthaus bewahrt es Stil und Tradition. Dazu kam die Gunst der Zeit, die für

Frequenz und Renommee sorgte. Das Hallenstadion, als gedeckte Radrennbahn erbaut, ist heute eine Omnisport- und Mehrzweckhalle für Eisrevuen, Messen und Großveranstaltungen, zu denen ganz Zürich »in die Provinz« strömt. Dazu kommt natürlich das DRS-Fernsehstudio Leutschenbach, das im »Sternen« für seine Stars und Sternchen reserviert.

Seit 70 Jahren sorgt die Wirtefamilie Wüger für Küche, Keller, Gästezimmer und höchste Zufriedenheit.

Hotel-Restaurant »Sternen« in Oerlikon, um 1937.

Hotel Urban und Hotel Wüscherhof

St. Urbangasse und Seehofstraße

Der Seidenfabrikant und Stadtkommandant Johann Jakob Meyer, im frühen 19. Jahrhundert der reichste Zürcher, besaß in Stadelhofen beim heutigen Bellevue das Landgut »St. Urban«. Sein Enkel war der Dichter Conrad Ferdinand Meyer, der im Herrenhaus seine Jünglingsjahre verbrachte. Der kostbare Festsaal aus dem 18. Jahrhundert, der den Dichter zu seinem Roman »Jürg Jenatsch« inspirierte, ist heute ins Schweizerische Landesmuseum integriert. An die damalige Herrlichkeit erinnert mittlerweile nur noch die St. Urbangasse und das »Café Urban« als Rest des einstigen Hotels »Urban«, das freilich in der Literatur und in zahlreichen Memoiren vor unseren Augen aufersteht.

Der Barpianist, Journalist und intime Kenner der Zürcher Wirtschaftsszene Fritz Herdi hat 1981 bei der Generalversammlung des Zürcher Hotelier-Vereins aus seinen Erinnerungen erzählt, und Edi Bohli hat einige Reminiszenzen in sein kenntnisreichen Buch »Zürcher Hotellerie« aufgenommen: In den dreißiger Jahren und während des Zweiten Weltkrieges war das frühere »Hotel Urban« am Bellevue Refugium prominenter deutscher und österreichischer Literaten- und Künstler-Emigranten wie Langhoff, Ginsberg, Horwitz, Albers, Curt Goetz und Valerie Martens, Käthe Gold, Pistorius, Grock, Thomas Mann und Alfred Polgar. Im »Urban« lebte auch Walter Mehring, tauchte als Gast mehrmals Bert Brecht auf, traf man Martin Buber und Max Brod, Erich Kästner und Hans Moser, Ionesco und Silone.

Der »ewige Emigrant« Alfred Polgar starb 1955 in seinem Hotelzimmer im »Urban«. Von einer Reise zurückgekehrt, schrieb er über Theaterabende, die er in Deutschland erlebt

Die St. Urbangasse, an der das Hotel »Urban« lag und heute noch das »Café Urban« liegt, August 1927.

hatte. Nach einem Kinobesuch kehrte er in sein Hotel zurück und legte sich schlafen. Am anderen Morgen fand man ihn tot. Er war 80 Jahre alt geworden.

Im Roman »Das Versprechen«, Requiem auf den Kriminalroman, erinnert Friedrich Dürrenmatt an das »Hotel Urban«: Kommissär Matthäi, der der Mutter eines ermordeten Kindes das Versprechen gegeben hat, nicht zu ruhen, bis der Mörder entdeckt ist, wohnte »seit Jahr und Tag« im »Urban«.

Aus der langjährigen Tätigkeit von Oskar Wirth als Concierge im »Urban« sind – trotz Schweigepflicht – einige ergötzliche Anekdoten verbürgt: Eines Tages telefonierte die Frau des Komponisten Künneke am Abend vor einer Premiere: Man solle unbedingt nach dem Putzen die Schuhe wieder gleich vor die Zimmertür stellen wie vorgefunden. Das war offenbar ein wichtiges Telefonat. Der abergläubische Künstler stellte nämlich die Schuhe immer so vor die Türe, daß ein Schuhspitz sich gegen die Zimmertüre und der andere gegen den Korridor hinaus richtete. Auch der berühmte Dirigent Ernest Ansermet war Gast im »Urban«. Vor der Weiterreise nach Österreich, wo es nach Kriegsende an vielem fehlte, ließ er sich von Wirth eine Rolle WC-Papier geben.

Hermann Mostar, ein langjähriger Gast, machte einen Zweizeiler auf den Concierge namens Wirth:

Stets sprach er ja, wenn nett ich bat,
drumm flieht die Not, wenn Wirth sich naht.

Ein anderer beliebter Treffpunkt von Schauspielern, Schriftstellern, Sängerinnen und vergessenen Prinzen war das 1930 eröffnete und 1974 in ein Bürohaus umgewandelte »Hotel Wüscherhof«, Seehofstraße 15 (hinter dem Stadttheater). Erich Maria Remarque mietete sich, wenn er nach Zürich kam, stets im »Wüscherhof« ein. Fräulein Frieda Ott, während vieler Jahre Gerantin der Pension, erinnerte

Treppenhaus im Hotel »Urban«, um 1945.

sich: Er zog sich gelegentlich am Abend mit einer Flasche Calvados auf sein Zimmer zurück und schrieb oft die ganze Nacht, bis die Flasche leer war. Auch die Sängerin Ellen Schwaneke, in den dreißiger Jahren Star am Stadttheater, stieg regelmäßig im »Wüscherhof« ab (Monatspreis 210 Franken). Ein gern gesehener Gast war Teddy Stauffer mit seiner Band, während Prinz und Prinzessin Hassan von Ägypten in der freundlichen Pension ihre Ruhe haben wollten...

CAFÉ SCHOBER

Napfgasse 4

Im Café Schober ist die Zeit stehengeblieben. An einem der wenigen Marmortischchen oder auf einem der beiden einladenden Sofas schlürft man neben dem alten Holzofen einen heißen, starken Kaffee, winkt ein traumhaft überzuckertes Stück Gugelhupf herbei, wie vor hundert oder hundertfünfzig Jahren. Es gehört noch immer zum guten Ton der »Eingeborenen« und solcher, die sich als Zürcher fühlen, daß man das »Schober« auswendig und inwendig kennt. Eröffnet wurde es 1834, als Zürich rund 10 000 Einwohner zählte und der Besuch einer Café-Conditorei dem guten Ruf eines echten Mannes abträglich war.

Gründer des »Süßkramladens« am kleinen Seitenplätzchen der Münstergasse/Ecke Napfgasse war ein Heinrich Eberle mit seinem Filius Johann Georg. Bei ihnen lernte laut noch vorhandenem Lehrvertrag der Bursche Theodor Schober 1852 bis 1862 die Profession eines Klein-, Groß-, Pasteten- und Zuckerbäckers. Nach damaligem Einwohnerregister stammten alle, die Eberle und Schober, aus dem damaligen Pfullendorf Bad. Verwandtschaftliche Beziehungen oder einst gute Nachbarschaft? Der Lehrling Theo stieg bald zum Geschäftsführer auf, und als Johann Georg Eberle starb, kaufte er 1874 das Haus samt Ladengeschäft.

In der folgenden Zeitspanne eines ganzen Jahrhunderts waren es nur die zwei Herren Theodor Schober, Vater und Sohn, die den kleinen Betrieb zum Zentrum der Zürcher Zuckerbäckerei machten. Herr Theodor Schober junior, geboren 1882, übernahm das Geschäft 1909 und führte es als Pasteten- und Zuckerbäcker ganz im Sinn und Geist seines Vaters weiter. Als Laden- und Servicepersonal halfen ihm seine drei Töchter.

Neben seiner Arbeit, die morgens um fünf begann und abends eigentlich nie aufhörte,

Theodor Schober bei der Übergabe der Conditorei.

hatte Theodor Schober ein heimliches Hobby, von dem er nur vertrauten Freunden erzählte: Oben unter dem Dach mit der merkwürdigen Eisenlaubenkonstruktion bastelte er phantastische Flugapparate, die heute als Pionierversuche der Aviatik in den Museen zu sehen sind.

Freilich wußte man, daß das alles nicht ewig dauern konnte. Im Herbst 1966 widmete die »Neue Zürcher Zeitung« unter dem Titel »Eine biedermeierliche Kaffeestube an der Napfgasse« Zürichs »süßestem Winkel« fast eine halbe Seite:

»Das innere des Ladens ist genau so, wie wir uns einen Süßkramladen in früheren Zeiten, als Zucker noch ein Luxus war, ungefähr vorstellen. Verzuckert und verzaubert, mit goldgerahmten Spiegeln, ornamentreichen Glasschränken, drapierten weißen Vorhängen und einem Kronleuchterm der eine getreue kleinere Kopie der Leuchter im Stadttheater sein soll.

Auf den weißen Marmortischen stehen Platten und Schalen mit den Spezialitäten des Hauses. An den Wänden hängen alte kupferne Kuchenformen für Gugelhöpfe und Mandelfische, die bei Gelegenheit auch heute noch verwendet werden. Zu den Spezialitäten des Hauses gehören neben dem Anisgebäck, Birnweggen, Marzipanleckerli, Quittenpasten, Geduldszeltli, Schokoladenmödeli, Pasteten, alle hergestellt nach Rezepten aus alter Zeit. Im Schaufenster an der Napfgasse reihen sich die Konfitürengläser, mit Pergamentpapier und Schnur säuberlich zugebunden und exakt etikettiert. In der Konditorei Schober wird seit jeher in tiefen rundbodigen Kupferpfannen Konfitüre für das Gebäck und für den Verkauf eingekocht. Beim Rundgang durch die Backstube sieht man die Pfannen reihenweise an der Wand hängen. Der mächtige Holzbackofen wurde von Vater Schober, der ein begabter Erfinder war, selbst gebaut, ist aber heute auf elektrisch umgestellt. Die Herzwaffeln werden noch immer über dem offenen Feuer auf dem Herd in alten Waffeleisen gebacken. Alle Zutaten zum Gebäck, das in dieser Backstube hergestellt wird,

werden noch auf einer Waage aus dem Jahre 1854 mit eisernen und messingenen Gewichtssteinen abgewogen.«

Als Theodor Schober im Herbst 1974 – er war bereits 92! – sein Süßwaren-Café aufgeben wollte, anerbot sich der Kolumnist und Theatermann Werner Wollenberger, dem Nostalgie-Lokal als Servierer zu huldigen, falls jemals neues Leben ins »Schober« einziehen sollte. So band er im September 1976 zusammen mit einer Schauspielerin und einem Literaturkollegen die weiße Schürze um den Bauch und reichte Zuckerherzchen herum.

Der Retter des Café Schober war die Confiserie »Täuscher« an der Storchengasse, die bei vielen Konkurrenzbewerbungen den Zuschlag bekam. Zusammen mit der Denkmalpflege, die das Haus unter Schutz stellte, konnten die hinteren Lagerräume zu einem Wiener Café ausgebaut werden. Geblieben ist das alte Cachet mit dem ganzen Drin, Drum und Dran.

Herr Theodor Schober saß noch gelegentlich verträumt in seiner alten Kaffeestube, bis er wenige Wochen nach seinem 100. Geburtstag starb.

Café »Schober« nach der Neueröffnung.

Tisch und Bett
von A bis Zett

LITERATUR AUS UND ÜBER ZÜRICH

Walter Baumann: La belle époque, 1973.

ders.: Zürichs Bahnhofstraße, 1974.

ders.: Straßen und Gassen der Zürcher Altstadt, 1985.

ders.: Zürich und die Zürcher, 1989.

ders.: Das Haus zum Roten Schwert, Manuskript 1991.

ders.: Zürcher Schlagzeilen, 1981.

Gottlieb Binder: Der Zürichsee, um 1930.

H. H. Bluntschi: Memorabilia Tiguriana, 1742.

Eduard Bohli: Zürcher Hotellerie, 1985.

Eberhard Brecht: Verkehr quer durch die Vergangenheit, 1977.

Karl Dändliker: Geschichten der Stadt und des Kantons Zürich, 1908.

Lea Carl: Zürich-Architekturführer, 1975.

Alfred Cattani: Licht und Schatten, 1954.

Jean Enderli: Zürich und seine Gasthöfe, 1896.

Jürg Fierz: Altes Zürich – neu entdeckt, 1971.

Samuel Gyr: Zunft-Historien, 1909

Albert Hauser: Vom Essen und Trinken im alten Zürich.

J. J. Leuthy: Ein Begleiter auf der Reise durch die Schweiz, 1840.

Siegfried Kernen: Zürcher Gedenktafeln, 1965.

Manesse-Codex, um 1300.

Gerold Meyer von Knonau: Der Kanton Zürich, 1846.

Max Mittler: Die Schweiz im Aufbruch, 1982.

Martin Müller: Zu Gast im Zürcherland, 1977.

Neue Zürcher Zeitung, seit 1780.

F. O. Pestalozzi: Die berühmtesten Herbergen des alten Zürich, 1938.

Hans Schulthess: Kulturbilder, 1942–1946.

Jürgen Schneider: Das neue Bild vom alten Zürich, 1984.

Eugen Schneiter: Die Zürcher Zunfthäuser, um 1942.

Jürg Stockar: Mode durch die Jahrhunderte, 1974.

Tagblatt der Stadt Zürich, seit 1837.

Tagesanzeiger für Stadt und Kanton Zürich, seit 1893.

Friedrich Vogel: Memorabilia Tiguriana, 1820–1840.

Salomon Vögelin: Das alte Zürich, 1878–1890.

Max Wehrli: Das geistige Zürich im 18. Jahrhundert, 1943.

Leo Weisz: Verfassung und Stände des alten Zürich, 1938.

Sigmund Widmer: Zürich. Eine Kulturgeschichte, 1985.

Zürcher Chronik, bis 1918.

Zürcher Taschenbücher, verschiedene Jahrgänge.

Zürich zurückgeblättert, 1979.

Samuel Zurlinden: Zürich 1814–1914, 1914.

Benutzt wurden ferner Chroniken und Jubiläumszeitschriften von Gasthäusern und Hotels, Stadtquartieren, Vereinen, des Verkehrsvereins und der Zünfte sowie die Zeitungsausschnitt-Archive des Stadtarchivs Zürich und der Neuen Zürcher Zeitung.

BILDNACHWEIS

Alle Bildvorlagen stammen aus dem Archiv Walter Baumann, Zürich, ausgenommen die nachfolgend aufgeführten:

Baugeschichtliches Archiv der Stadt Zürich: S. 6, 9, 19, 27, 30, 33, 35, 37, 38, 40, 43, 44, 46, 47, 49, 50 (links), 51, 53–57, 58 (links), 62, 64–66, 68, 70, 73, 74, 75, 77–79, 84/85, 87, 88, 89 (unten), 92, 93 (oben), 95, 96, 99, 100, 102 (unten), 104, 105, 107–111, 112, 115, 116/117, 118, 119, 120, 122–125, 126, 129, 133, 136, 137 (oben), 140 (rechts), 143 (rechts), 144, 145, 147, 149, 158, 159, 161 (rechts), 162/163, 165, 168, 169, 170, 172, 173, 174, 178, 179, 181–187, 189, 190, 194, 196, 202–204, Umschlag (vorne)

Dagobert Bühlmann, Zürich: S. 166, 167

Alfred Koella, Zürich: S. 151–153

Godi Leiser, Maur: S. 15 (rechts)

Werner Merk, Zürich: S. 69

Sammlung Orell Füssli: S. 140 (links)

Plakat-Sammlung Zürich: S. 86, 114 (rechts), 125, 175

Schweiz. Bankverein, Zürich: S. 11, 39 (rechts), 50 (rechts)

Schweiz. Landesmuseum, Zürich: S. 41, 58 (rechts), 60

Emil Walthard, Küsnacht: S. 89 (oben)

Hans Würger, Zürich: S. 191, 199, 200

Zentralbibliothek, Zürich: S. 142, 143 (links)